마음을 닫은 아이들, 가정폭력·학교폭력 피해자,
보호아동을 위한 감정 치유 놀이

레고치유코칭:
브릭으로 쌓아 올리는 마음 치유

레고치유코칭: 브릭으로 쌓아 올리는 마음 치유
마음을 닫은 아이들, 가정폭력·학교폭력 피해자, 보호아동을 위한 감정 치유 놀이

초판 1쇄 인쇄 2025년 4월 1일
초판 1쇄 발행 2025년 4월 10일
작가 김성실, 김소연, 김숙정, 김윤정, 김은석, 김은주, 김혜영, 서성미, 송성원, 송하영, 이주연, 조성윤, 홍옥녀, 홍유식
출판사 마이다스북

* 마이다스북은 재노북스의 임프린트 입니다.

디자인, 제작 및 발행 재노북스
기획편집 윤서아 디자인 윤서아, 박예원
콘텐츠사업 및 마케팅 이시은, 서성미, 임지수
작가컨설팅 서성미

펴낸곳 재노북스 출판등록 2022년 4월 6일 제2023-000076 호
주소 서울특별시 금천구 가산디지털1로 205-27 에이원빌딩 705호
대표전화 0507-1381-0245 팩스 050-4095-0245 이메일 dasolthebest@naver.com
블로그 zeno_books@naver.com
용지 한솔피엔에스 인쇄 으뜸피앤디

ISBN 979-11-93297-83-4(13370) 23,900원
파본은 구입하신 서점에서 교환해 드립니다.
· 이 책은 저작권법에 의하여 보호를 받는 저작물이므로 무단 전재와 복제를 금합니다.
· KC마크는 이 제품이 공통안전기준에 적합하였음을 의미합니다.

재노북스(zenobooks)는 독자 여러분의 책에 관한 아이디어와 원고 투고를 기다리고 있습니다.
책 출간을 원하는 아이디어가 있으신 분은 재노북스 홈페이지 '원고투고'란으로 개요와 연락처 등을 보내주세요

레고치유코칭
브릭으로 쌓아 올리는 마음 치유

마이다스북

레고치유코칭

브릭으로 쌓아 올리는 마음 치유

내면의 아이에게 애정을 담아 귀를 기울인다.

내면의 아이와 처음 대화를 나눌 때 가장 먼저 할 수 있는 말은 사과다. 말을 걸지 않아서 미안하다거나, 너무 오래 혼내기만 해서 미안하다고 말하는 것이다. 서로 떨어져서 보낸 시간을 전부 보상하고 싶다고 얘기하라. 어떻게 하면 행복해질 수 있는지 물어보라. 무엇을 두려워하는지 물어보라. 어떻게 도와주면 좋을지 물어보고, 당신에게 무엇을 원하는지도 물어보라

- 루이스 헤이 -

추천사

　30년전 사랑하는 아들을 학교폭력으로 잃은 친척의 아픔 때문에 학교폭력 문제해결을 위한 공익법인 푸른나무재단을 설립하였습니다. 요즘도 역시 많은 청소년들이 학교생활 중 왕따나 폭력으로 깊은 상처를 받고 있습니다. 그들의 고통을 치유하기 위해서 다양한 대책들이 활용되고 있습니다 .

　지금 소개하는 레고블럭을 이용한 심리 치유는 단순 상담을 넘어 창의적, 무의식적으로 자신의 불만과 욕구를 나타내기에 그 학생이 지닌 문제의 발견과 치유가 특별하면서 쉬운 것이 특징입니다.

　말로 표현하기 어려운 깊은 감정이 레고 조립을 통해 자연스럽게 표현되고, 그러한 심리적 불안감을 해소하고 치유할 수 있도록 잘 설계되었습니다. 이 책이 많은 청소년들에게 위로와 희망을 주고, 우리 사회가 보다 건강한 교육 여건을 만드는데 큰 기여가 될 것으로 생각합니다.

— 푸른나무재단 명예이사장 김종기

추천사

청소년들의 마음은 연약하면서도 무한한 가능성을 품고 있습니다. 그러나 사회적 환경과 관계 속에서 상처받고 위축될 때, 이들의 감정을 건강하게 표현하고 치유할 수 있는 방법이 무엇보다 중요합니다. 정신건강의학과 전문의로서, 그리고 한국청소년재단 이사장으로서 오랜 시간 아이들과 함께하며 깨달은 것은 치유는 단순한 상담을 넘어, 자신을 표현하고 이해하는 과정 속에서 이루어진다는 것입니다.

《브릭으로 쌓아올리는 마음 코칭》은 레고 블록을 활용해 아이들이 감정을 직접 손으로 표현하고, 내면의 이야기를 안전하게 풀어낼 수 있도록 돕는 새로운 접근법을 제시합니다. 놀이 속에서 자연스럽게 자신을 탐색하고 감정을 정리하는 이 과정은 특히 상처받은 청소년들에게 치유의 기회를 제공합니다. 이 책이 더 많은 아이들에게 자신을 돌아보고 성장할 수 있는 따뜻한 길잡이가 되길 바랍니다. 또한, 청소년들을 돕는 부모님과 교사, 상담사들에게도 꼭 추천하고 싶은 책입니다.

— 한국청소년재단 이사장, 정신건강의학과 전문의 김병후

아동 보호의 현장에서 가장 중요한 것은 아이들이 안전한 환경에서 정서적 안정을 되찾고 스스로를 표현하며 성장할 수 있도록 돕는 것입니다. 보호가 필요한 아이들은 말로 감정을 표현하기 어려워하며, 깊은 상처를 안고 있는 경우가 많습니다. 그들에게 심리적 치유를 지원하는 방법을 찾는 것은 우리의 중요한 과제입니다.

《브릭으로 쌓아올리는 마음 코칭》은 레고 블록을 활용해 아이들이 감정을 자연스럽게 표현하고 치유할 수 있도록 돕는 소중한 책입니다.

손으로 블록을 조립하며 내면을 들여다보고 감정을 정리하는 과정은 아이들에게 의미 있는 치유 경험이 됩니다. 아동보호팀에서 레고치유코칭을 지원하며, 아이들이 레고를 통해 마음을 열고 변화하는 모습을 보며 그 효과를 깊이 공감했습니다.

이 책이 더 많은 아이들에게 따뜻한 치유의 기회를 제공하고, 보호가 필요한 아동들을 돕는 모든 분들에게 유용한 지침이 되기를 바랍니다.

— 성남시 아동보호팀 팀장 한나경

추천사

  레고 블록은 기본적인 몇 가지 모양의 블록을 조립해서 자유롭게 자신의 마음에 있는 형태를 만들 수 있다. 자신의 마음을 언어로 표현하기 힘든 이들에게 레고 블록을 통해 자신의 감정을 표현하는 것은 더 편안한 방법이 된다. 《브릭으로 쌓아올리는 마음 코칭》은 레고블록 놀이를 통해 심리적 안정을 찾고 감정을 치유하는 과정이 어떻게 이루어지는지를 깊이 있게 탐구한 책이다.

  보호 아동, 트라우마를 겪은 사람들, 불안과 스트레스에 시달리는 이들에게 레고는 단순한 장난감을 넘어 자기 탐색과 감정 정리의 도구가 된다. 내가 마음속으로 생각한 모양을 블록을 통해서 만들어가는 과정은 뇌의 실행기능 훈련을 통해 전두엽을 활성화시켜 충동과 불안을 조절하는데 도움이 될 수 있다.

  이 책은 단순한 레고 놀이를 넘어 치유와 회복의 가능성을 제시하며, 심리적 어려움을 겪는 사람들에게 새로운 소통 방법과 마음 조절의 기회를 제공할 수 있다. 레고를 통해 자신의 내면을 표현하고 치유받는 과정이 얼마나 의미 있는지를 보여주는 이 책이 많은 이들에게 따뜻한 위로와 희망이 되길 기대한다.

— 성균관의대 삼성서울병원 정신건강의학과 교수 전홍진

현대 의학이 발전하면서 우리는 신체적 건강뿐만 아니라 정신적, 정서적 건강의 중요성을 더욱 깊이 인식하게 되었습니다. 의료현장에서 환자들의 회복을 돕다 보면, 단순한 치료를 넘어 감정을 표현하고 내면을 정리하는 과정이 치유에 얼마나 중요한 역할을 하는지 실감하게 됩니다.

《브릭으로 쌓아올리는 마음 코칭》은 레고 블록을 활용하여 감정을 시각적으로 표현하고 심리적 안정을 찾을 수 있도록 돕는 혁신적인 접근법을 제시합니다. 손을 움직여 블록을 조립하는 과정에서 뇌의 감정 조절 기능이 활성화되고, 스트레스와 불안을 해소하는 효과를 경험할 수 있습니다. 이는 정신적 치유뿐만 아니라 신체적 건강 회복에도 긍정적인 영향을 미칠 수 있는 방법입니다.

이 책이 보다 많은 사람들에게 심리적 안정을 제공하고, 정서적 건강을 향상시키는 데 의미 있는 역할을 하길 기대합니다. 의료 현장에서 환자들의 마음을 돌보는 모든 분들께도 이 책을 추천합니다.

— 티엘씨클리닉 원장, 티엘씨헬스케어 대표 이의성

추천사

보호아동들에게 학대피해아동쉼터(이하 쉼터)는 단순한 거처가 아니라, 새로운 희망을 품고 성장할 수 있는 따뜻한 울타리가 되어야 합니다. 하지만 아이들이 겪은 상처와 불안은 쉽게 드러나지 않으며, 말로 표현하기 어려운 감정들은 더욱 깊이 내면에 자리 잡고 있습니다. 저는 쉼터에서 아이들을 돌보며, 이들이 자기 감정을 표현하고 타인과 소통하는 데 어려움을 겪는 모습을 자주 목격해왔습니다.

《레고치유코칭: 브릭으로 쌓아올리는 마음 코칭》은 이러한 아이들에게 레고 블록을 통해 감정을 표현하고, 스스로를 탐색하며 정서적 안정을 찾을 수 있는 소중한 기회를 제공합니다. 손으로 블록을 조립하며 아이들은 자신의 마음을 시각화하고, 서서히 자기 이해를 넓히며, 타인과 연결될 용기를 키워갑니다. 쉼터에서 생활하는 아이들이 레고를 통해 닫힌 마음의 문을 열고, 조금씩 희망을 쌓아가는 모습을 보며 그 효과를 몸소 경험한 바 있습니다.

이 책은 보호가 필요한 아동뿐만 아니라, 감정 표현이 어려운 모든 이들에게 치유와 회복의 가능성을 제시합니다. 아이들이 스스로를 이해하고, 세상과의 연결고리를 만들어갈 수 있도록 돕는 이 소중한 과정이 널리 확산되길 바랍니다. 또한, 보호아동을 돌보는 사회복지사, 심리치료사, 그리고 부모님들께도 이 책을 꼭 추천합니다.

— 성남시 도담치료그룹홈 2호 시설장 정영민

오랜 시간 글로벌 기업에서 사람을 만나고, 조직을 운영하며, 리더와 구성원이 함께 성장하는 과정을 지켜봐 왔다. 그리고 코치로서 다양한 개인과 팀을 지원하면서 깨달은 것은, 진정한 변화와 성장은 단순한 지식이나 기술 습득이 아니라 자기 이해와 내면의 치유에서 시작된다는 점이다.

　《브릭으로 쌓아올리는 마음 코칭》은 레고 블록을 활용하여 자신을 탐색하고 감정을 표현할 수 있도록 돕는 특별한 책이다. 단순한 놀이처럼 보이지만, 블록을 쌓고 조립하는 과정에서 자신의 내면을 들여다보고, 감정을 정리하며, 새로운 시각을 발견하는 기회를 제공한다. 이는 조직의 리더들에게도 중요한 메시지를 던진다. 팀원 개개인이 스스로를 이해하고 정서적으로 안정될 때, 진정한 소통과 협업이 이루어지고 조직의 성장이 가능하기 때문이다.

　또한, 리더십과 조직문화 개발에서 창의적 문제 해결과 몰입의 힘을 경험한 사람으로서, 손으로 직접 무언가를 만들며 사고하는 과정이 얼마나 강력한 통찰을 제공하는지 잘 알고 있다. 기업에서도 레고 시리어스 플레이를 활용해 팀워크를 강화하고 전략적 사고를 돕는 사례를 보아왔다. 하지만 이 책이 보여주듯이, 레고는 조직뿐만 아니라 개인의 정서적 치유와 성장에도 깊이 기여할 수 있다

　이 책이 보호아동, 청소년, 그리고 다양한 연령대의 사람들이 자기이해와 성찰의 기회를 얻고, 감정을 건강하게 표현하며, 더 나은 관계를 형성하는 데 도움이 되길 바란다. 아이들뿐만 아니라, 기업과 조직, 그리고 우리 사회 전체가 더욱 건강한 소통과 협력을 이루어가는 데 기여하길 기대한다.

　　　　　　　　　— 김정원 前 한동대학교 겸임교수, 리더십 코치

추천사

　빠르게 변화하는 사회 속에서 청년들은 진로와 관계를 고민하지만, 정작 자신의 감정을 마주하고 정리할 기회는 많지 않습니다. 특히, 자기 이해의 어려움은 많은 청년들이 가능성을 발견하는 과정에서 겪는 공통된 문제입니다. 변화와 불확실성이 가득한 시대 속에서, 스스로를 탐색하고 감정을 정리하는 과정은 더욱 중요해지고 있습니다.

　저는 청년 정책과 사회적 가치 창출을 고민하며, 청년들이 보다 주체적으로 미래를 설계할 수 있도록 돕고자 노력해왔습니다. 그 과정에서 단순한 정보 제공을 넘어, 자신을 이해하고 감정을 정리할 수 있는 창의적인 방법이 필요하다는 점을 절실히 느꼈습니다.

　《브릭으로 쌓아올리는 마음 코칭》은 레고 블록을 활용해 감정을 시각화하고, 내면을 구조화하며, 창의적인 문제 해결력을 키울 수 있도록 안내하는 책입니다. 손을 움직이며 블록을 조립하는 과정 속에서 자신을 돌아보고, 무의식적인 감정을 마주하며, 새로운 가능성을 발견하는 과정을 경험할 수 있도록 돕습니다.

　어릴 때 단순한 놀이로 접했던 레고가 이제는 창의적인 치유와 자기 탐색의 도구로 확장되었습니다. 이 책이 청년뿐만 아니라 모든 세대가 자신의 내면을 들여다보고, 삶의 가능성을 확장하는 힘이 되길 바라며, 나아가 서로를 이해하고 공감하는 건강한 사회를 만들어가는 데 기여할 수 있기를 기대합니다.

— 도도한콜라보 대표이사 원규희

프롤로그

　우리 마음속 깊은 곳에는 때때로 말로 표현하기 어려운 감정과 상처가 자리잡고 있습니다. 특히 보호아동이나 학교폭력 피해자처럼 어려운 환경에서 자란 이들에게는 내면의 아픔이 더욱 깊게 새겨져, 자신을 드러내거나 치유의 길을 찾는 것이 매우 어렵습니다. 이러한 아픔을 마주하기 위해 우리는 감정을 안전하게 탐색하고 효과적으로 표현할 수 있는 도구로 레고를 활용하기로 하였습니다.

　레고는 단순한 블록 놀이를 넘어, 손끝에서 시작된 창의적 행위가 뇌와 감정을 잇는 다리 역할을 하며 내면의 이야기를 상징적이고 구체적인 형태로 드러내게 하는 혁신적인 도구입니다. 전통적인 레고 놀이는 자유로운 창의적 표현과 상상력을 통해 즐거움을 추구하는

프롤로그

 활동에 그치지만, 레고치유코칭 프로그램은 전문 퍼실리테이터의 지도 아래 안전하고 체계적인 환경에서 이루어지는 치유 과정입니다.

 이 과정은 참여자가 내면의 감정을 구체적으로 드러내고, 숨겨진 상처를 치유하며 자신을 재발견하는 데 탁월한 효과를 보입니다. 또한, 레고치유코칭은 레고 블록을 구체적으로 조립하는 과정을 통해 내면의 복잡한 심리 상태를 시각적으로 재현할 수 있게 하며, 말로는 표현하기 어려운 감정들을 효과적으로 전달할 수 있는 수단이 됩니다.

 이처럼 레고를 통한 심리 치유는 개인의 자아 인식을 증진시킬 뿐만 아니라, 감정에 숨겨진 의미를 재해석하고 참여자 간의 상호작용을 촉진하여 집단 내 신뢰와 소통을 강화하는 혁신적 접근법입니다.

성남시에서 진행된 레고치유코칭 현장은 개개인의 작은 변화가 모여 큰 치유의 흐름을 만들어낼 수 있음을 증명한 사례입니다. 참여자들은 레고 블록을 활용해 내면의 감정을 상징적으로 구체화하고, 말로는 표현하기 어려운 심리적 상태를 시각적으로 체험하면서 스스로에 대한 깊은 인식과 정서적 회복의 길을 모색하였습니다.

본 책『레고치유코칭, 브릭으로 쌓아 올리는 마음 치유 코칭』은 레고시리어스플레이 오픈소스를 기반으로, 영국인인 개발자 숀 블레어의 인증을 받은 퍼실리테이터 교육을 이수한 전문가들이 진행한 성남시 보호아동 레고치유코칭 현장의 생생한 경험과 다양한 사례를 담고 있습니다.

이 과정을 통해 우리는 레고라는 매개체가 단순한 놀이 이상의 의미를 지니며, 정서적 안정과 창의적 문제해결, 그리고 인간관계 회복에 이르는 치유의 도구로서 중요한 역할을 함을 체험했습니다. 레고를 활용한 치유 과정은 참여자가 자신의 감정을 안전하게 표현하고 내면의 상처를 치유하는 데 큰 도움을 주었으며, 이를 통해 스스로를 재발견하고 새로운 가능성을 모색할 수 있게 합니다.

이 책은 레고를 활용한 심리 치유의 원리와 놀이가 주는 심리적 효과, 그리고 보호아동과 학교폭력 피해자가 자신의 감정을 안전하게

프롤로그

드러내고 회복해 나가는 과정을 다양한 사례와 함께 체계적으로 설명합니다. 아울러 퍼실리테이터로서 치유 코칭을 진행하는 데 필요한 기술과 준비 과정을 상세히 소개함으로써, 이 분야에 관심 있는 이들이 실제 현장에서 효과적으로 적용할 수 있도록 돕습니다. 이러한 교육적 접근은 단순한 이론적 설명을 넘어, 실질적인 변화와 희망을 창출하는 데 기여할 것으로 기대됩니다.

 우리의 경험은 한 사람 한 사람의 작은 변화가 모여 큰 치유의 흐름을 만들어낼 수 있음을 분명히 증명합니다. 본 책을 통해 독자 여러분도 레고라는 창의적인 도구를 활용하여 자신의 마음을 깊이 들여다보고, 아픈 상처가 서서히 치유되는 과정을 경험하며, 새로운 희망과 용기를 발견할 수 있기를 진심으로 기대합니다. 지금부터 여러분께서는 레고를 통해 마음의 이야기를 풀어가는 여정에 함께 하시게 될 것이며, 이를 통해 보다 건강하고 밝은 미래를 향한 한 걸음을 내딛게 되실 것입니다.

㈜더마크월드 대표 송성원

목차

프롤로그 ………………………………………………… 16
    레고치유코칭이란 무엇인가? 놀이가 치유가 되는 이유

Chapter 1
레고와 심리 치유의 세계 ………………………………… 25
    레고치유코칭이란?
    손과 뇌의 협업: 놀이와 신경과학
    레고를 활용한 자기 표현과 정서 안정
    레고와 창의적 사고, 문제 해결의 힘
    놀이가 주는 심리적 치유 효과

Chapter 2
보호아동을 위한 레고치유코칭 ………………………… 63
    보호아동의 정서적 필요와 심리 이해
    레고로 감정을 표현하기
    트라우마 치유를 위한 레고 활동
    그룹 활동에서의 협력과 소통
    레고를 통한 자기 강점 발견
    안전한 공간에서의 감정 표현과 신뢰 형성

목차

Chapter 3
학교폭력 피해자를 위한 레고치유코칭 ·································· 81

학교폭력과 정서적 상처
레고를 활용한 관계 회복
친구 관계 개선을 위한 그룹 활동
불안과 두려움을 다루는 브릭 활동
자존감과 정체성을 키우는 브릭 활동

Chapter 4
심리 코칭을 위한 퍼실리테이터 가이드 ·································· 112

퍼실리테이터가 갖춰야 할 역량
공감과 창의적 대화 기술
레고 코칭 세션의 준비와 실행
개인 맞춤형 치유 활동 설계
피드백과 성장하는 퍼실리테이터
퍼실리테이터의 지속적 성장과 역량 개발

Chapter 5
보호아동과 학교폭력 피해자 사례 연구 135

레고와 신뢰 회복

트라우마 극복 이야기

가족 관계 회복을 돕는 레고 활동

자기 표현 능력 향상 사례

레고로 다시 찾은 자신감

Chapter 6
레고치유코칭의 미래와 확장 가능성 158

교육 및 상담 기관에서의 레고 활용법

보호아동 및 학교폭력 피해자를 위한 지속적인 지원

레고치유코칭의 연구 동향 및 미래 전망

사례를 통해 본 치유의 과정과 효과

함께 만들어가는 치유 공동체

목차

Chapter 7
성남시 레고치유코칭 인사이트 ·· 178
- 현장에서 만난 아이들: 마음을 표현하는 첫걸음
- 레고로 그린 마음의 지도: 구체적인 사례 이야기
- 변화의 실마리: 레고치유코칭의 효과 분석
- 레고치유코칭의 한계와 도전 과제
- 앞으로의 방향: 레고치유코칭의 확장 가능성

에필로그
·· 199
- 레고로 쌓아올린 변화와 희망

Chapter 1
레고와 심리 치유의 세계

―

레고치유코칭이란?
손과 뇌의 협업 : 놀이와 신경과학
레고를 활용한 자기 표현과 정서 안정
레고와 창의적 사고, 문제 해결의 힘
놀이가 주는 심리적 치유 효과

레고치유코칭: 브릭으로 쌓아 올리는 마음 치유

작가 소개

레고와 심리 치유의 세계

송성원

"잠재력을 깨워 성장을
이끌어내는 고객의 동반자"

(주)더마크월드 대표
(사)한국청소년재단 운영이사
마인드카페 | TLC헬스케어 부사장
국제코칭연맹 인증 전문코치 (PCC) | 한국코치협회 인증 전문코치 (KPC)
미) 갤럽 강점 인증 코치 | SERIOUSWORK 인증 LSP Facilitator
삼성전자 유럽 CMO, 영국법인장 | 삼성그룹 비서실(미래전략실)
휴렛팩커드(HP) 글로벌 사업팀장 | 한양대 특임교수

김은주

"사람의 성장을 통해 일터를 변화
시키는 조직개발 전문가"

SERIOUSWORK 인증 LSP Facilitator
한국코치협회 인증 전문코치 (KPC)
국제코칭연맹 인증 전문코치 (PCC)
미) 갤럽 강점 인증 코치
액션러닝협회 부회장
(주) 한독 CM&D 상무
덕성여대 약학박사

Chapter 1

레고와 심리 치유의 세계

❶ 레고치유코칭이란?

 레고는 단순한 장난감이 아니다. 작은 블록을 쌓아 올리는 과정에는 자기 표현, 감정 치유, 협력, 창의적 사고가 숨어 있다. 레고치유코칭은 이러한 레고 블록을 활용해 심리적 안정과 감정 회복을 돕는 과정이다. 보호아동, 학교폭력 피해자, 불안과 스트레스에 시달리는 사람들에게 레고는 단순한 놀이를 넘어 마음을 표현하는 특별한 도구가 된다.

 말로 감정을 표현하는 것이 어려운 사람도 있다. 어떤 감정은 복잡해서 설명하기 힘들고, 때로는 아예 꺼내고 싶지 않을 때도 있다. 하지만 손을 움직여 무언가를 만들면 생각과 감정이 자연스럽게 드러나기도 한다. 레고치유코칭에서는 주어진 주제에 맞춰 레고 블록을 조립하면서 마음속 깊은 감정을 표현하는 방법을 배운다.

한 보호아동이 처음 레고치유코칭에 참여했을 때, 그는 작은 방 모양의 레고 모델을 만들었다. 방 안에는 아무것도 없었고, 문도 없었다. "이건 어떤 의미인가요?"라는 질문에 한참을 망설이던 아이는 조용히 말했다. "여기 들어가면 아무도 나를 찾을 수 없어요." 코치는 아이가 혼자 있고 싶다는 감정을 가지고 있다는 것을 알게 되었다. 이후 아이는 점점 모델에 창문을 만들고, 문을 만들면서 자신이 외부와 연결될 준비가 되었다는 것을 표현하기 시작했다. 손을 움직이며 조립하는 과정은 머릿속 감정을 시각적으로 표현하는 과정이다.

놀이에는 특별한 힘이 있다. 단순한 유희가 아니라 감정을 해소하고, 자신을 표현하고, 몰입하면서 마음을 치유하는 과정이 된다. 심리학자 브루스 페리는(Bruce D. Perry) "놀이를 하는 동안 인간의 뇌는 가장 안정된 상태에 도달한다"고 설명했다. 또한 신경과학 연구에 따르면 손을 사용하는 활동은 감정을 조절하는 뇌의 부분을 활성화한다.

한편, 요한 호이징가(Johan Huizinga)는 네덜란드 출신의 역사학자이자 문화학자로, 놀이의 중요성과 문화적 역할을 탐구한 그의 저서인 <호모 루덴스>에서 놀이는 단순한 여가 활동이 아니라, 문화와 사회 발전에 기여하는 본질적인 요소로 설명한다.

놀이란 모방하고 쌓인 스트레스를 완화하며, 한층 진지한 기능적 행동을 준비하고 연습하려는 본능적인 성향에서 나온다. 예를 들어, 아동들이 레고 블록을 조립하는 모습을 떠올려보면, 아동들은 개인의 경험이 반영되었을 때 무언가를 만들고 싶다는 본질적인 요구로부터 동기를 부여받아 완전히 몰입하게 된다. 레고를 조립하면서 종종 표현하고자 했던 본질이 과장되기도 하고, 상상의 세계를 보여준다는 착각이 들기도 한다. 놀이는 자연스러운 활동이다. 인간은 놀이를 통해 적응하고 회복하며, 새로운 기회를 받아들인다.

 호이징가는 놀이가 인간의 발달에 얼마나 중요한 역할을 하는지 강조하며, 이를 통해 아동들이 창의성과 사회적 기술을 발전시키는 데 기여한다고 설명한다.

 학교폭력을 경험한 한 학생이 레고치유코칭 프로그램에 참여했다. 코치는 그에게 '자신이 안전하다고 느낄 수 있는 공간을 만들어 보자'고 제안했다. 학생은 높은 벽으로 둘러싸인 작은 방을 만들었다. 방 안에는 오직 자신만을 위한 작은 공간만 남아 있었고, 외부와 연결되는 출입구조차 없는 완전히 닫힌 구조였다. 마치 외부 세계와 단절된 성채처럼 보였다.

 코치는 학생에게 "이 공간에서 어떤 감정을 느끼나요?"라고 물었다. 학생은 잠시 망설이더니 "편안해요. 아무도 저를 해칠 수 없어요."라고 답했다. 하지만 코치는 이어서 물었다. "그럼 이 안에서 혼자 있을 때는 어떤 느낌이 드나요?" 학생은 대답하지 않고 한동안 자신의 레고 작품을 바라보았다.

 두 번째 세션에서 학생은 변화를 주기 시작했다. 이전보다 벽을 낮추고, 문을 만들었으며, 마지막으로 다리를 추가했다. 벽은 여전히 존재했지만, 더 이상 완전히 닫혀 있지는 않았다. 코치는 다리의 의미를 묻자, 학생은 잠시 고민하더니 조용히 말했다. "친구를 다시 만나고 싶어요."

 그의 작품을 유심히 보던 코치는 다시 질문했다. "그 친구는 이 다리를 건너올 수 있을까요?" 학생은 한참 동안 다리를 바라보다가 작은 미소를 지었다. "아마도요. 아직은 모르겠어요."

이 과정을 통해 학생은 벽을 쌓고 허물면서 자신을 보호하는 법을 배웠고, 타인과 다시 연결될 용기를 키워갔다. 레고치유코칭을 통해 그는 조금씩 마음의 문을 열었고, 마침내 친구와 다시 연결될 수 있는 가능성을 스스로 만들어 나가기 시작했다. 작은 벽돌 하나하나가 그의 변화의 과정이었고, 다리는 단순한 구조물이 아닌 새로운 시작을 향한 용기였다.

레고치유코칭은 개인 활동뿐만 아니라 협력과 소통을 기반으로 한 그룹 활동에서도 강력한 효과를 발휘한다. 보호아동이나 학교폭력 피해 경험이 있는 사람들은 타인과 소통하는 것이 어려운 경우가 많다. 하지만 레고를 이용하면 자연스럽게 협력하고 소통하는 기회를 갖게 된다.

레고치유코칭 프로그램에서 네 명의 보호아동이 함께 "행복한 마을"을 만드는 활동을 했다. 처음에는 각자 자신만의 공간을 만들었지만, 점점 서로 협력하기 시작했다. "여기에 다리를 놓으면 어때?" "내가 만든 집 옆에 네 집을 붙여볼래?" 처음에는 조용하던 아이들이 하나둘씩 대화를 시작했고, 의견을 내고 조율하는 과정에서 자연스럽게 소통이 이루어졌다. 마지막에는 각자의 작품이 하나로 연결된 커다란 마을이 되었다.

이 과정에서 아이들은 관계를 맺고 소통하는 힘을 자연스럽게 익혔다. 벽을 쌓고, 다리를 놓고, 창문을 만들면서 마음의 문을 여는 경험을 했다. 레고치유코칭은 단순한 놀이가 아니다. 손을 움직이며 감정을 표현하고, 놀이를 통해 마음을 치유하고, 협력하면서 관계를 회복하는 과정이다.

말로 표현하기 어려운 감정도 레고 블록으로 나타낼 수 있다. 레고치유코칭은 감정을 안전하게 표현할 수 있는 공간을 제공하고, 놀이를 통해 내면을 정리하는 시간을 선물한다. 함께 만든 마을처럼, 아이들은 놀이 속에서 새로운 관계를 만들고, 협력과 소통의 힘을 키워간다.

단순한 레고 놀이와 레고치유코칭 프로그램의 차이

단순한 레고 놀이와 레고치유코칭은 겉보기에는 유사해 보이지만, 그 목적과 진행 방식, 심리적 효과에서 중요한 차이가 있다. 이를 여섯 가지 측면에서 비교하여 정리하면 다음과 같다.

1. 목적의 차이
- 단순한 레고 놀이: 재미와 창의적 표현을 위한 활동이다. 아이들은 자유롭게 블록을 조립하며 자신만의 이야기를 만들거나 단순한 조형물을 제작한다.
- 레고치유코칭: 감정 조절, 자기 탐색, 문제 해결, 관계 형성 등의 심리적·정서적 성장을 돕는 것을 목표로 한다. 단순한 놀이를 넘어, 참여자의 내면을 탐색하고 치유적인 경험을 제공하는 과정이 포함된다.

2. 구조화된 진행 방식
- 단순한 레고 놀이: 자유롭게 블록을 조립하고 해체하는 놀이이다. 규칙이 없으며, 참여자의 즉흥적인 창작 활동이 중심이 된다.
- 레고치유코칭: 퍼실리테이터가 정해진 프로세스를 통해 참여자의 내면 탐색과 성찰을 유도한다. 예를 들어, 특정 질문을 던지고 레고로 답을 표현하도록 한 후, 그 의미를 함께 탐구하는 과정이 포함된다. 또한, 개인 활동뿐만 아니라 그룹 활동을 병행하며 상호작용을 촉진한다.

3. 심리적 효과
- 단순한 레고 놀이: 창의성 발현과 소근육 운동의 효과가 있다. 단순히 즐거움을 느끼고 집중하는 과정에서 스트레스 완화 효과가 나타나기도 한다.
- 레고치유코칭: 놀이를 통해 감정을 표현하고 정리하며, 트라우마 극복이나 자기 효능감 향상을 돕는다. 예를 들어, 보호아동이 자신의 경험을 레고 모델로 표현하면서 억눌린 감정을 해소하거나, 상처를 객관적으로 바라보는 기회를 얻을 수 있다. 또한, 참여자는 놀이를 통해 자신의 강점과 내면의 힘을 발견하는 경험을 하게된다.

4. 의미 해석 과정
- 단순한 레고 놀이: 만든 작품을 특별한 의미 없이 감상하거나 해체한다. 놀이 자체가 목적이므로 작품에 대한 깊은 해석 과정은 이루어지지 않는다.
- 레고치유코칭: 참가자가 만든 모델에 대해 이야기하며 자신의 생각과 감정을 표현하고 이를 심층적으로 해석하는 과정을 거친다. 이를 통해 자신의 내면 상태를 스스로 탐색하고, 타인의 피드백을 통해 새로운 시각을 얻는 기회를 가진다.

5. 퍼실리테이터의 개입
- 단순한 레고 놀이: 개인 혹은 친구들과 자율적으로 진행된다. 놀이의 방향이나 목표가 정해져 있지 않으며, 아이들이 스스로 놀이를 이끌어나간다.
- 레고치유코칭: 퍼실리테이터가 질문을 던지고, 참여자의 이야기를 경청하며, 적절한 피드백과 리플렉션을 제공함으로써 참가자의 성찰을 돕는다. 퍼실리테이터는 참가자의 감정을 안전하게 탐색할 수 있도록 안내하고, 의미 있는 통찰을 얻을 수 있도록 돕는다.

6. 집단 내 상호작용

- 단순한 레고 놀이: 개별적으로 진행될 수도 있으며, 협력보다는 각자의 창작 활동이 중심이 된다.
- 레고치유코칭: 참여자 간의 상호작용을 중요하게 여긴다. 그룹 활동을 통해 타인의 작품을 해석하고 피드백하는 과정을 거치며, 공감 능력을 키우고 관계를 형성하는 기회를 제공한다. 또한, 집단 속에서 자신의 경험을 나누며 지지받는 경험을 할 수 있다.

이처럼 레고치유코칭은 단순한 놀이를 넘어 심리적·정서적 성장과 치유를 목표로 하는 전문적인 과정이다. 놀이를 통한 자기 탐색과 감정 표현은 특히 보호아동처럼 정서적 지지가 필요한 대상에게 긍정적인 영향을 미칠 수 있다.

❷ 손과 뇌의 협업: 놀이와 신경과학

손을 움직이면 생각도 함께 움직인다

손을 움직이면 사고가 활발해진다는 경험을 한 적이 있는가? 글을 쓸 때보다 키보드를 칠 때 아이디어가 더 잘 떠오른다거나, 멍하니 낙서를 하다가 머릿속이 정리되는 순간을 경험했을 것이다. 이는 단순한 기분 탓이 아니다. 신경과학적으로 손을 움직이는 활동은 뇌의 사고 능력을 활성화하고 감정을 조절하는 역할을 한다. 레고를 조립하는 과정도 마찬가지이다. 작은 브릭을 하나씩 쌓고 해체하는 동안, 뇌는 끊임없이 정보를 정리하고 감정을 조율한다.

손으로 생각하는 과정

뇌의 운동 피질에서 손이 차지하는 영역은 다른 신체 부위보다 훨씬 크다. 손을 정교하게 움직이는 행위는 단순한 감각적 활동을 넘어 뇌 전체를 자극한다. 미국 신경과학 연구에 따르면, 손을 사용하는 활동이 전두엽(prefrontal cortex)의 활성도를 증가시키며, 이는 창의적 사고와 감정 조절에 중요한 역할을 한다고 밝혀졌다.

이러한 신경과학적 원리를 활용하는 대표적인 사례가 바로 레고치유코칭이다. 한 보호아동이 레고 블록으로 자신의 감정을 표현하는 활동에 참여했다. 처음에는 망설였지만, 손을 움직이며 조립하는 동안 점점 이야기를 풀어놓기 시작했다. 자신이 만든 작은 집을 가리키며 "여기가 나만의 공간이에요. 바깥 세상이 너무 시끄러울 때 여기로 들어가면 편해요."라고 말했다. 처음에는 말로 표현하기 어려웠던 감정을 손으로 만들면서 자연스럽게 설명할 수 있게 된 것이다.

몰입과 감정 안정

어떤 활동에 집중할 때 시간이 훌쩍 지나가는 경험을 해본 적이 있을 것이다. 이를 몰입(Flow) 상태라고 한다. 신경과학자들은 몰입이 일어날 때 뇌에서 스트레스 호르몬인 코르티솔(cortisol)이 감소하고, 행복감을 유도하는 도파민(dopamine)과 세로토닌(serotonin)의 분비가 증가한다고 설명한다.

레고 조립은 대표적인 몰입 활동이다. 손으로 블록을 조립하고 색을 맞추며 구조를 만들면서 자연스럽게 생각이 정리된다. 실제로 학교폭력을 경험한 한 학생이 상담실에서 레고를 조립하는 활동에 참여했다. 처음에는 손을 가만히 두고 있던 아이가 조심스럽게 블록을 쌓기 시작했다. 시간이 지나면서 점점 속도가 붙었고, 색을 골라가며 집중하는 모습을 보였다. 세션이 끝날 무렵, 아이는 완성한 모델을 보며 "생각을 많이 안 해도 계속 만들다 보니까 기분이 좀 나아졌어요."라고 말했다.

몰입을 경험하는 동안 감정이 차분해지고, 부정적인 생각이 줄어든 것이다. 이는 일반적인 미술 치료나 놀이치료와도 유사한 효과를 나타낸다. 그러나 레고치유코칭은 단순한 창작 활동이 아닌 구조적 조립 과정이 포함되어 있어, 논리적 사고와 감정 정리를 동시에 촉진하는 특징이 있다.

감정을 다루는 뇌와 손의 연결

뇌에서 감정을 담당하는 편도체(amygdala)와 이를 해석하고 조절하는 전두엽(prefrontal cortex)은 긴밀하게 연결되어 있다. 연구에 따르면, 손을 움직이며 무언가를 창조하는 활동은 이러한 뇌 영역을 활성화하여 감정을 보다 효과적으로 조절하는 데 도움을 준다.

심리학자들은 글씨를 쓰거나 그림을 그리는 작업이 감정 조절에 유익하다는 연구 결과를 제시하며, 이는 미술 치료, 공예 치료 등에서도 활용되고 있다. 손을 사용하여 감정을 표현하는 과정에서 스트레스 호르몬인 코르티솔이 감소하고, 도파민과 세로토닌의 분비가 촉진된다는 점에서 레고치유코칭 역시 효과적인 감정 조절 방법이 될 수 있다.

레고치유코칭과정에서 한 아이가 "화가 날 때 어떻게 해야 할지 모르겠어요."라고 말했다. 코치는 아이에게 레고 블록을 주며 "화가 났을 때의 모습을 만들어볼래?"라고 제안했다. 아이는 처음에는 망설였지만, 이내 빠르게 손을 움직이며 거친 구조물을 만들었다. 완성된 작품을 바라보던 아이는 "이게 제 속마음이에요. 너무 엉망이고 어디부터 정리해야 할지 모르겠어요."라고 말했다.

이때, 코치는 "그럼 천천히 다시 조립해볼까?"라고 제안했다. 아이는 하나씩 블록을 해체하고 다시 조립하면서 자신의 감정을 정리하는 경험을 하게 되었다. 블록을 쌓고 다시 분해하는 과정은 단순한 놀이가 아니라, 감정을 시각적으로 형상화하고 객관적으로 바라볼 수 있도록 도와주는 과정이다.

레고치유코칭의 확장 가능성

레고치유코칭은 보호아동이나 학교폭력 피해 학생들에게만 국한되지 않는다. 기업에서는 팀워크와 창의적 문제 해결을 위해 LSP(Lego Serious Play) 기법을 도입하고 있으며, 공무원 조직에서도 스트레스 관리와 자기 성찰을 위해 활용되고 있다.

기업의 조직개발 프로그램에서 레고를 활용하면, 팀원들이 개별적으로 만든 모델을 공유하며 조직의 목표를 시각화하고 공통의 해결책을 도출하는 데 도움이 된다. 또한, 공공기관에서는 감정을 표현하는 도구로 레고를 사용하여 스트레스 해소 및 조직 내 협력 증진을 도모할 수 있다.

실생활에서 활용하는 방법

손을 움직이며 감정을 다루는 과정은 단순한 놀이가 아니다. 이는 감정을 외부로 표현하고, 구조화하며, 조절하는 훈련을 하는 과정이다. 블록을 조립하는 동안 감정을 정리하는 경험을 하게 되고, 이를 통해 보다 안정적인 정서 상태를 유지할 수 있다. 연구에서도 손을 사용하는 활동이 감정을 안정시키고, 뇌의 감정 조절 기능을 강화하는 데 기여함이 밝혀졌다. 실생활에서도 손을 활용한 감정 조절법을 실천할 수 있다.

- 스트레스를 받을 때 작은 블록을 조립하거나 종이에 스케치를 해보는 것도 감정 정리에 도움이 된다.
- 집중력을 높이고 싶을 때 종이접기나 펜 돌리기 같은 작은 손 움직

임을 시도해보는 것도 효과적이다.
- 중요한 결정을 내려야 할 때, 머릿속에서만 고민하는 대신 손을 움직여 생각을 정리하는 습관을 길러보자.

결론적으로, 손을 활용한 창의적 활동은 뇌의 감정 조절 시스템을 활성화하며, 감정을 표현하고 정리하는 데 효과적인 도구이다. 이러한 과정은 단순한 놀이를 넘어, 심리적 치유와 성장의 중요한 수단으로 작용한다.

그림. 손으로 생각하듯 레고를 조립하는 아동 이미지
(출처 : 챗gpt)

레고로 연결되는 손과 뇌의 협업

레고는 단순한 장난감을 넘어 손과 뇌의 협력을 촉진하는 강력한 도구로 자리 잡고 있다. 손을 사용하여 레고 블록을 조립하는 과정에서 우리의 생각도 함께 움직인다. 이는 신경과학적 원리에 기반한 과정으로, 감정을 다루고 몰입을 유도하며 심리적 안정을 돕는다. 손으로 블록을 조립하는 동안 머릿속 생각이 정리되고, 감정이 자연스럽게 표현되며, 새로운 시각으로 자신을 바라볼 수 있는 기회를 제공하는 것이다.

　레고치유코칭은 보호아동들에게 특히 긍정적인 변화를 가져온다. 손을 통해 마음을 표현하는 과정에서 아이들은 자신의 내면을 더 깊이 이해하고, 감정을 건강하게 다루는 방법을 배운다. 또한, 블록을 쌓고 조합하는 과정은 단순한 놀이를 넘어 심리적 안정을 제공하며, 몰입을 통해 스트레스를 해소하고, 감정을 적절히 표현할 수 있도록 돕는다. 이러한 경험은 아이들이 자기 자신을 객관적으로 바라볼 수 있도록 하며, 내면의 목소리에 귀 기울이는 기회를 제공한다.

　실제 사례를 보면, 레고치유코칭은 아이들의 자기 표현 능력을 향상시키고 감정 조절에 도움을 줄 뿐만 아니라 문제 해결 능력을 키우는 데도 긍정적인 영향을 미친다. 아이들은 블록을 조립하며 창의적인 사고를 확장하고, 다양한 방식으로 자신의 감정을 시각화하는 경험을 하게 된다. 또한, 함께 작업하는 과정에서 타인과의 관계 형성에 대한 이해가 깊어지고, 보다 원활한 소통이 가능해진다.

　다음 장에서는 손으로 마음을 표현하는 과정이 아이들에게 미치는 영향을 심층적으로 분석하고, 레고치유코칭이 단순한 놀이를 넘어 심리적 치유와 자기 성장의 효과적인 도구로 작용하는 과정을 조명할 것이다. 이를 통해 레고치유코칭이 아이들의 정서적 안정뿐만 아니라 자존감 향상, 관계 형성, 창의적 문제 해결 능력 강화에도 긍정적인 영향을 미친다는 점을 더욱 깊이 탐구할 것이다.

❸ 레고를 활용한 자기 표현과 정서 안정

　현대 사회에서 보호아동들은 매우 복잡하고 도전적인 심리적 환경에 노출되어 있다. 이들은 대부분 불안정한 가정환경, 심각한 정서적 트라우마, 그리고 지속적인 불확실성으로 인해 깊은 심리적 상처를 경험했다. 특히 가정 해체, 학대, 방임 등의 경험은 아이들의 정서적 발달에 심각한 장애를 일으킬 수 있다.

보호아동들이 겪는 심리적 어려움은 단순히 과거의 상처만이 아니라 현재와 미래의 삶에도 깊은 영향을 미친다. 이들은 신뢰 형성의 어려움, 감정 조절의 문제, 낮은 자존감 등 복합적인 심리적 도전에 직면한다. 특히 안전하지 않은 환경에서 성장하면서 대인관계를 형성하는 데 큰 어려움을 겪게 된다.

심리적 트라우마의 깊이는 각 아동마다 다르지만, 공통적으로 나타나는 특징들이 존재한다. 불안, 우울, 분노 조절의 어려움, 사회적 고립 등이 대표적인 심리적 문제들이다. 이러한 문제들은 단순히 개인의 문제가 아니라 사회적 관심과 전문적인 개입이 필요한 심각한 사회적 이슈이다.

보호아동들의 정서적 필요는 매우 다차원적이다. 그들은 단순히 물리적 보호를 넘어 정서적 안정, 심리적 지지, 건강한 애착 관계 형성 등에 대한 깊은 욕구를 가지고 있다. 전문가들은 이러한 아동들에게 지속적이고 포괄적인 심리적 지원이 절대적으로 필요하다고 강조한다.

레고치유코칭은 보호아동의 전인적 발달을 지원하는 혁신적인 방법론이다. 전통적인 심리치료나 상담방식과는 다르게, 놀이를 통해 자연스럽고 부담 없는 방식으로 아동의 내면에 접근한다. 블록이라는 구조화된 도구를 통해 아동의 심리적 방어기제를 우회하고, 보다 깊이 있는 심리적 개입이 가능해진다.

레고치유코칭의 핵심은 아동 스스로가 주체가 되어 자신의 이야기를 구성하고 재구성할 수 있다는 점이다. 이 과정에서 아동은 수동적인 피해자가 아니라 적극적인 회복의 주체로 성장한다. 블록을 쌓고, 무너뜨리고, 다시 만드는 반복적인 과정은 삶의 회복과 성장을 은유적으로 보여주는 강력한 메타포가 된다.

자기 표현의 중요성

아동기는 개인의 정서적, 심리적 발달에 핵심적인 시기이다. 이 시기에 자기 표현은 단순한 의사소통 수단을 넘어 아동의 내면 세계를 이해하고 건강하게 성장하는 중요한 메커니즘이 된다. 자기 표현은 아동이 자신의 감정, 생각, 경험을 외부로 드러내는 과정에서 내적 갈등을 해소하고 정서적 안정을 찾아가는 치유적 과정이기도 하다.

아동의 자기 표현은 언어적, 비언어적 방식으로 다양하게 나타난다. 말로 직접 감정을 이야기하는 것, 그림을 그리거나 놀이를 통해 자신의 내면을 표출하는 것, 신체 움직임이나 예술 활동을 통해 감정을 소통하는 것 등이 포함된다. 이러한 표현 방식은 아동에게 심리적 해소의 통로가 되며, 자신을 이해하고 수용하는 과정을 돕는다.

자기 표현의 결과로 아동은 자신의 감정을 객관화하고 소설하는 능력을 배우게 된다. 자신의 내면 상태를 인식하고 그것을 적절하게 전달하는 과정은 정서 지능 발달의 핵심 요소이다. 이는 단순히 감정을 드러내는 것을 넘어 감정의 원인을 이해하고, 상황에 적절하게 대응하는 능력을 키우는 중요한 메커니즘이 된다.

심리학 연구들은 자기 표현이 아동의 정서 발달에 미치는 긍정적 영향을 지속적으로 입증해왔다. 자신의 감정을 적절하게 표현할 수 있는 아동은 스트레스 대처 능력이 높고, 정서적 레질리언스(어려운 상황에서 감정을 잘 다루고, 다시 일어설 수 있는 힘)가 강하게 나타난다. 반면 자기 표현에 어려움을 겪는 아동은 내재화된 감정으로 인해 불안, 우울, 분노 등 부정적 정서를 경험할 확률이 높아진다.

전문가들은 아동기 자기 표현의 중요성을 강조하며, 아동이 안전하고 수용적인 환경에서 자유롭게 자신을 표현할 수 있도록 지원해야 한다고 제안한다. 부모와 교육자, 치료사는 아동의 감정을 판단하거나 억압하지 않고 경청하고 공감하는 태도가 필요하다. 이러한 접근은 아동이 자신의 내면을 신뢰하고 긍정적인 자아상을 형성하는 데 결정적인 역할을 한다.

결과적으로 자기 표현은 아동의 정서적 안정과 심리적 건강을 위해 필수적인 과정이다. 아동이 자신의 감정을 자유롭고 건강하게 표현할 수 있을 때, 그들은 더 높은 자존감과 정서 조절 능력을 가질 수 있으며, 장기적으로는 더 나은 대인관계와 사회적 적응력을 기대할 수 있다.

반면 현대 사회에서 보호아동은 매우 복잡하고 심각한 심리적 도전에 직면해 있다. 이들은 대부분 극심한 트라우마와 불안정한 정서적 배경을 가지고 있으며, 이는 단순한 일시적 상처가 아닌 깊이 뿌리박힌 심리적 상처로 볼 수 있다. 그들 대부분은 안전하고 지지적인 환경에서 성장하지 못했기 때문에 자아존중감과 회복탄력성이 낮은 편이다. 레고치유코칭은 이러한 아동들에게 성공의 경험을 제공하고, 스스로 문제를 해결할 수 있다는 자신감을 부여한다. 레고블록을 쌓아가는 과정에서 아동들은 점진적으로 자신의 능력을 발견하고 성취감을 느끼게 된다.

보호아동들이 경험하는 심리적 문제는 주로 초기 생활 환경과 밀접하게 연관되어 있다. 대부분의 보호아동은 가정 해체, 학대, 방임, 가정폭력 등의 극심한 심리적 트라우마를 겪었다. 이러한 경험은 아동의 정서적 발달에 심각한 장애를 일으키며, 장기적으로 자아존중감 저하, 대인관계 형성의 어려움, 정서조절 능력 부족 등의 문제를 발생시킬 수 있다.

특히 어린 시절 지속적인 학대와 방임을 경험한 아동들은 심리적 방어기제로 인해 자신의 감정을 제대로 표현하지 못하거나 감정을 억압하는 경향을 보인다. 즉. 신뢰와 안전감 형성에 치명적인 영향을 미치고 이로 인해 아동들은 타인과의 관계에서 지속적인 불안과 두려움을 경험하게 되며, 건강한 정서적 발달을 저해하게 된다. 이러한 감정적 억압은 향후 정상적인 심리발달을 방해하고, 사회적 적응력을 크게 저하시킬 수 있어 아동의 현재뿐만 아니라 미래의 삶에도 지대한 영향을 미치기 때문에 적절한 심리적 지원과 개입을 통해 그들의 정서적 회복을 지원하는 것은 매우 중요한 사회적 책임이라고 할 수 있다.

자기 표현은 단순히 언어적 소통을 넘어서는 훨씬 더 깊은 의미를 지닌다. 아동들은 자신의 감정, 생각, 경험을 다양한 방식으로 전달할 수 있으며, 이러한 과정은 심리적 치유와 회복의 핵심 메커니즘이 된다. 레고와 같은 비언어적 매개체는 말로 표현하기 어려운 내면의 감정을 구체화하고 시각화하는 데 탁월한 도구가 될 수 있다.

심리학적 관점에서 볼 때, 자기 표현은 정서적 정화(Emotional Catharsis)의 중요한 과정이다. 억압된 감정들을 안전하게 드러내고 외부세계와 소통함으로써 아동들은 내적 갈등을 해소하고 심리적 균형을 찾을 수 있다. 특히 언어적 소통에 어려움을 겪는 보호아동들에게 레고와 같은 창의적 도구는 자신을 표현할 수 있는 대안적

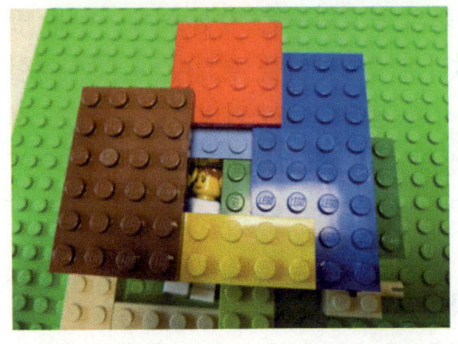

소통 방식을 제공한다.

자기 표현의 부재는 장기적으로 심각한 심리적 문제를 야기할 수 있다. 감정을 내부에 축적하고 표현하지 못하는 아동들은 우울, 불안, 분노 조절의 어려움 등 다양한 정서적 문제를 경험할 가능성이 높다. 따라서 안전하고 긍정적인 자기 표현의 통로를 마련하는 것은 아동의 심리적 건강에 절대적으로 중요하다.

레고를 통한 자기 표현

레고 블록을 통해 아동들은 자신의 내면세계를 구체적이고 창의적인 방식으로 재현할 수 있으며, 이 과정에서 심리적 방어기제를 낮추고 더 깊은 수준의 자기 탐색을 수행할 수 있다. 블록을 조립하고 이야기를 만들어가는 과정 자체가 치유적 경험이 될 수 있는 것이다. 레고와 같은 창의적 도구를 통해 아동들은 자신의 내면을 안전하고 풍부하게 탐색하고 표현할 수 있으며, 이는 그들의 심리적 건강과 회복력 강화에 직접적으로 기여할 수 있다.

레고를 활용한 자기 표현은 단순한 놀이를 넘어 내면의 깊은 감정과 경험을 드러내는 강력한 도구가 될 수 있다. 보호아동들은 언어로 표현하기 어려운 복잡한 감정들을 레고 블록을 통해 은유적이고 상징적으로 전달할 수 있다. 이러한 과정은 아동의 내면세계를 안전하고 창의적인 방식으로 탐색할 수 있게 해준다.

레고를 통한 정서 안정의 메커니즘은 매우 복합적이다. 우선 레고 블록을 조립하는 과정은 아동에게 통제감과 성취감을 제공한다. 블록을 차근차근 조립하면서 자신의 감정을 구조화하고 정리할 수 있는 기회를 얻게 된다. 이는 불안감이나 스트레스를 간접적으로 해소하는 치유적 과정이 된다.

심리학적 연구에 따르면 레고 활동은 아동의 뇌에 긍정적인 변화를 유도한다. 집중력을 요구하는 레고 조립 과정은 도파민과 세로토닌 분비를 촉진하여 정서적 안정을 돕는다. 특히 반복적이고 규칙적인 레고 블록 맞추기는 불안감을 감소시키고 심리적 안정감을 제공한다.

레고는 언어로 표현하기 어려운 감정을 시각적으로 구현할 수 있는 독특한 매개체이기도 하다. 아동은 레고를 통해 자신의 내면 감정을 구조물로 표현할 수 있다. 예를 들어 슬픔은 어두운 색의 구조물로, 기쁨은 밝고 화려한 구조물로 만들어낼 수 있다. 이러한 과정은 감정의 객관화와 정서적 거리두기에 도움을 준다.

또한 레고 활동은 감정 조절 능력을 향상시킨다. 블록을 쌓다가 무너지더라도 다시 시도할 수 있는 경험은 좌절감을 극복하고 인내심을 기르는 과정이 된다. 이는 아동이 감정의 굴곡을 보다 유연하게 다루는 능력을 키우는 데 중요한 역할을 한다.

사회적 상호작용 측면에서도 레고는 정서 안정에 기여한다. 다른 아이들과 함께 레고를 만들면서 협력하고 소통하는 과정은 정서적 공감 능력을 높인다. 서로의 작품을 이해하고 존중하는 경험은 정서적 지능을 발달시키는 중요한 계기가 된다.

심리치료 분야의 전문가들도 레고의 치유적 가치를 인정한다. 트라우마를 경험한 아동, ADHD 성향의 아동, 사회성이 부족한 아동들에게 레고는 감정을 안전하게 표현하고 조절할 수 있는 효과적인 도구로 활용되고 있다.

 결론적으로 레고 활동은 단순한 놀이를 넘어 아동의 정서적 안정을 지원하는 강력한 심리적 도구이다. 블록을 통한 창조와 해체, 상상과 표현의 과정은 아동에게 심리적 회복력과 감정 조절 능력을 제공한다. 따라서 부모와 교육자들은 레고를 단순한 장난감이 아닌 아동의 정서 발달을 돕는 중요한 매개체로 인식해야 할 것이다.

레고를 통한 자기 표현 방법

 대표적인 자기 표현 기법 중 하나는 '개인적 경험 모델링' 방법이다. 아동에게 자신의 과거, 현재, 미래를 상징하는 레고 모델을 만들도록 요청한다. 이 과정에서 아동은 각 블록에 특별한 의미를 부여하며 자신의 내러티브를 구성한다. 예를 들어, 어두운 색상의 블록은 힘들었던 경험을, 밝은 색상의 블록은 희망적인 미래를 나타낼 수 있다.

 또 다른 기법은 '감정 지도 만들기'이다. 아동에게 현재 느끼는 감정을 레고 블록으로 표현하게 한다. 각 블록의 크기, 색상, 배치는 감정의 강도와 복잡성을 나타낸다. 예를 들어, 분노는 날카로운 빨간 블록으로, 슬픔은 부드러운 파란 블록으로 표현될 수 있다. 이러한 방식은 아동이 자신의 감정을 객관화하고 이해하는 데 도움을 준다.

 '관계 모델링' 기법도 효과적이다. 아동에게 자신을 둘러싼 중요한 사람들과의 관계를 레고로 표현하게 한다. 각 인물은 블록으로 표현되며, 블록 간의 거리와 위치는 관계의 친밀도와 복잡성을 드러낸다. 이는 아동이 자신의 사회적 관계를 시각적이고 구조적으로 이해할 수 있게 해준다.

'트라우마 재구성' 기법은 특히 보호아동에게 유용하다. 아동에게 과거의 부정적인 경험을 레고로 재구성하게 하되, 긍정적인 방향으로 모델을 변형시키도록 돕는다. 이를 통해 아동은 자신의 트라우마를 통제할 수 있다는 느낌을 받으며, 심리적 회복력을 강화할 수 있다.

마지막으로 '미래 설계하기' 기법은 아동에게 원하는 미래를 레고로 구체화하게 한다. 꿈, 목표, 희망을 블록으로 표현함으로써 아동은 긍정적인 미래에 대한 희망과 동기를 얻을 수 있다. 이 과정은 단순한 상상을 넘어 실제적인 자기 성찰과 계획 수립으로 이어질 수 있다.

❹ 레고와 창의적 사고, 문제 해결의 힘

앞에서도 언급했지만 보호아동들은 일반 아동들과는 다른 특별한 심리적, 정서적 어려움을 경험하기 때문에 정서적 측면에서 보호아동들은 매우 취약한 상황에 놓여있다. 대부분 가정 해체, 학대, 방임 등의 트라우마를 경험했기 때문에 깊은 상처와 불안정한 정서를 가지고 있어 그들의 심리적 안정성을 근본적으로 흔들어 놓았으며, 신뢰와 애착 형성에 심각한 어려움을 유발한다. 사회적 관계 형성에서도 보호아동들은 큰 어려움을 겪는다. 그들은 과거의 부정적인 경험으로 인해 타인과 건강한 관계를 형성하는 데 두려움과 불신을 느낀다. 이러한 사회적 고립은 그들의 대인관계 기술 발달을 저해하고, 결과적으로 학교와 지역사회에서의 적응을 어렵게 만든다. 뿐만 아니라 학업과 인지적 발달 측면에서도 보호아동들은 상당한 도전에 직면해 있다. 지속적인 스트레스와 불안정한 환경은 그들의 학습 능력과 집중력에 부정적인 영향을 미친다. 학업 성취도가 낮아지고, 자신감이 부족해지며, 결과적으로 교육적 기회를 제대로 활용하지 못하는 경우가 많다. 자아존중감의 결여도 심각한 문제이다. 반복된 상실과 거절의 경험으로 인해 그들은 스스로를 가치 없고 사랑받을 자격이 없다고 생각하는 경향이 있다. 이러한 부정적인 자아상은 그들의 미래에 대한 희망과 꿈을 제한하고, 긍정적인 성장을 방해한다.

창의적 사고와 문제 해결력 측면에서도 보호아동들은 특별한 어려움을 겪는다. 안정되지 못한 환경에서 살아남기 위해 방어적이고 경직된 사고방식을 개발했기 때문에, 유연하고 창의적인 사고를 하는 데 제한적이다. 그들은 새로운 상황에 대처하는 데 필요한 인지적 유연성과 적응력이 부족하다.

아동의 성장과 발달 과정에서 창의적 사고와 문제 해결력은 단순한 능력 이상의 의미를 가진다. 이는 미래 사회를 살아갈 아이들에게 가장 중요한 핵심 역량 중 하나로 간주된다. 특히 급변하는 현대 사회에서는 기존의 틀에서 벗어나 새로운 관점과 해결 방식을 찾아내는 능력이 그 어느 때보다 중요해졌다.

창의적 사고와 문제 해결력은 서로 밀접하게 연관되어 있다. 창의성은 새로운 아이디어를 생성하고, 문제 해결력은 그 아이디어를 실제적인 해결책으로 전환한다. 이 두 가지 능력이 상호작용할 때 진정한 혁신과 성장이 가능해진다. 아이들은 이러한 능력을 통해 자신의 잠재력을 최대한 발휘할 수 있다

즉, 창의적 사고는 기존의 고정된 사고방식에서 벗어나 혁신적이고 독창적인 접근을 가능하게 한다. 아이들이 다양한 관점에서 문제를 바라보고 해결책을 모색할 수 있는 능력은 단순히 학업 성취도를 높이는 것을 넘어 삶의 전반적인 적응력을 높여준다. 특히 복잡하고 예측 불가능한 상황에서 유연하게 대처할 수 있는 근본적인 능력을 제공한다. 또한 문제 해결력은 아이들이 직면하는 다양한 도전과 장애물을 효과적으로 극복할 수 있게 해주는 중요한 능력이다. 단순히 문제를 인식하는 것을 넘어 체계적이고 논리적인 접근을 통해 해결책을 찾아내는 과정은 아이들의 인지적, 정서적 발달에 매우 중요한 역할을 한다. 이 능력은 학업뿐만 아니라 일상생활의 다양한 상황에서 자신감과 독립성을 키워나가는 데 결정적인 영향을 미친다.

아동기의 창의적 사고와 문제 해결력

아동기는 뇌의 가소성이 가장 높은 시기로, 이때 형성되는 창의적 사고와 문제 해결력은 평생에 걸쳐 영향을 미친다. 신경과학 연구들은 어린 시절 다양한 경험과 자극을 통해 뇌의 신경 연결망이 풍부하게 형성될 수 있음을 보여준다. 따라서 이 시기에 체계적이고 지속적인 창의성 개발과 문제 해결 훈련은 아이의 잠재력을 최대한 끌어올리는 핵심 전략이 될 수 있다.

현대 사회는 반복적이고 예측 가능한 일보다는 창의적이고 혁신적

인 접근을 요구한다. 따라서 아이들에게 창의적 사고와 문제 해결력을 키워주는 것은 단순한 교육적 목표를 넘어 미래 사회를 준비하는 필수적인 투자라고 할 수 있다. 이러한 능력은 아이들이 복잡한 현대 사회에서 성공적으로 살아가고 자신의 꿈을 실현할 수 있는 기본적인 토대가 된다.

아이들의 창의적 사고와 문제 해결력을 개발하기 위해서는 제한되지 않은 자유로운 사고의 기회, 다양한 경험, 그리고 실수를 두려워하지 않는 안전한 환경이 필요하다. 부모와 교육자들은 아이들의 호기심을 존중하고, 질문을 격려하며, 다양한 관점에서 생각할 수 있도록 지원해야 한다. 이러한 접근은 아이들이 자신의 잠재력을 최대한 발휘할 수 있는 토대를 마련해줄 것이다.

창의적 사고는 단순히 예술적 재능이나 독특한 아이디어를 생각하는 것이 아니라, 주어진 상황을 다양한 각도에서 바라보고 혁신적인 해결책을 찾아내는 능력을 의미한다. 아동들이 어릴 때부터 이러한 사고방식을 발달시키면, 복잡한 문제에 직면했을 때 유연하고 적응적인 대처가 가능해진다. 예를 들어, 레고와 같은 놀이 도구를 통해 아이들은 제한된 블록으로 무한한 구조물을 만들어내는 과정에서 창의성을 자연스럽게 발휘할 수 있다.

문제 해결력 역시 아동기에 집중적으로 발달해야 할 중요한 능력이다. 이는 단순히 문제를 해결하는 기술을 넘어서 논리적 사고, 분석력, 전략적 접근 방식을 포함한다. 아이들이 어려서부터 체계적으로 문제를 접근하고 해결하는 방법을 학습하면, 향후 학업과 사회생활에서 더 높은 성취를 이룰 가능성이 높아진다.

실제로 여러 심리학 연구들은 어린 시절 발달된 창의적 사고와 문제 해결력이 성인기의 직업적 성공, 대인관계, 정서적 안정성과 밀접한 연관이 있음을 보여준다. 아이들은 이러한 능력을 통해 스트레스 상황에 더 잘 대처하고, 자신감을 키우며, 복잡한 사회적 상호작용에서 더 나은 성과를 낼 수 있다.

그러므로 아동기의 창의적 사고와 문제 해결력 개발은 단순한 교육적 목표를 넘어 인간의 전인적 성장을 위한 필수불가결한 과정이라고 할 수 있다. 이는 개인의 잠재력을 최대한 끌어올리고, 급변하는 현대 사회에서 성공적으로 살아갈 수 있는 핵심 역량을 제공한다.

보호아동의 창의적 사고와 문제 해결력

보호아동들은 일반 가정의 아동들과는 다른 특수한 심리적, 정서적 배경을 가지고 있어 창의적 사고와 문제 해결력을 발달시키는 데 있어 여러 가지 근본적인 어려움에 직면해 있다. 이러한 어려움은 단순히 개인의 능력 부족에서 비롯되는 것이 아니라, 그들이 경험한 트라우마와 불안정한 성장 환경에서 깊은 뿌리를 내리고 있다. 이러한 아동들은 대부분 초기 양육 환경에서 심각한 정서적 결핍과 트라우마를 경험했기 때문에 인지적 발달에 큰 어려움을 겪는다.

첫째, 정서적 불안정성은 보호아동들의 창의적 사고 발달을 심각하게 방해했다. 잦은 환경 변화와 불안정한 애착 관계로 인해 이들은 기본적인 심리적 안정감을 확보하지 못하고, 이는 자신의 내면 세계를 탐색하고 새로운 아이디어를 자유롭게 표현하는 데 큰 장애물이 되었다. 불안과 두려움은 그들의 창의성을 억압하고 위축시키는 주요 요인이다.

둘째, 사회적 경험의 제한성은 문제 해결력 개발에 심각한 제약을 만들어낸다. 보호아동들은 안정적인 사회적 관계와 다양한 상호작용 경험이 부족하기 때문에, 복잡한 상황을 해석하고 창의적으로 대응하는 능력이 제한적이다. 이들은 종종 제한된 대처 메커니즘에 의존하며, 새로운 상황에 유연하게 대응하는 데 어려움을 겪는다.

셋째, 낮은 자존감과 자기효능감도 중요한 장애 요인이다. 자존감의 심각한 저하도 중요한 원인이었다. 지속적인 부정적 경험과 상실감으로 인해 아이들은 자신의 능력을 믿지 못한다. 이는 새로운 도전을 시도하거나 창의적인 해결책을 찾으려는 시도 자체를 막는다. 실패에 대한 두려움이 너무 커서 시도조차 하지 않는 상황이 반복된다.

넷째, 학대, 방치, 상실 등의 심리적 트라우마로 인한 방어적 사고방식은 새로운 상황을 두려워하고 회피하는 경향을 만든다. 트라우마로 인한 스트레스 반응은 그들의 뇌 기능과 학습 능력에도 부정적인 영향을 미쳐 아이들이 창의적으로 사고하거나 적극적으로 문제를 해결하는 것을 방해하는 방어 메커니즘을 만든다. 안전하지 않다고 느끼는 환경에서 아이들은 단순히 생존에 집중할 뿐, 더 넓은 시각으로 사고하기 어렵다.

다섯째, 교육적 지원의 부족도 중요한 원인이다. 많은 보호아동들은 개별화된 교육적 지원과 멘토링의 기회가 제한적이기 때문에, 그들의 고유한 잠재력을 발견하고 개발할 수 있는 환경을 제공받지 못한다. 이는 그들의 창의적 사고와 문제 해결 능력의 성장을 더욱 어렵게 만든다.

이러한 복합적인 요인들은 보호아동들의 창의적 사고와 문제 해결력 개발에 심각한 장애물을 만들어낸다.

특히 보호아동들의 경우, 이러한 능력 개발은 더욱 중요하다. 그들은 종종 불안정한 환경과 트라우마로 인해 정서적, 인지적 발달에 어려움을 겪기 때문에 창의적 사고와 문제 해결력을 통해 자신의 환경을 극복하고 더 나은 미래를 설계할 수 있기 때문이다.

보호아동들의 내면 깊숙이 자리 잡은 잠재력을 발견하고 성장시키는 것은 그들의 미래를 위해 매우 중요한 과정이다. 창의적 사고와 문제 해결력은 단순한 기술이 아니라 삶을 변화시키는 핵심 역량이며, 특히 보호아동들에게는 더욱 중요한 의미를 갖는다.

우리는 보호아동들이 겪는 다양한 심리적, 정서적 어려움을 깊이 이해해야 한다. 이들은 종종 불안정한 환경과 상처로 인해 자신의 잠재력을 발견하지 못하고 있다. 창의적 사고 능력은 이러한 제약된 환경을 넘어설 수 있는 중요한 열쇠가 될 수 있다. 그들이 스스로 문제를 해결하고 새로운 가능성을 탐색할 수 있는 능력을 개발한다면, 그들의 삶은 근본적으로 변화할 수 있다.

창의적 사고는 또한 감정적 표현의 중요한 채널이 될 수 있다. 보호아동들은 종종 자신의 감정을 적절히 표현하고 처리하는 데 어려움을 겪는다. 창의적 활동을 통해 그들은 내면의 복잡한 감정을 안전하고 건설적인 방식으로 탐색하고 표현할 수 있다. 이는 정서적 치유와 성장에 매우 중요한 과정이다.

더불어 문제 해결력은 미래에 대한 희망과 가능성을 열어준다. 보호아동들이 스스로 해결책을 찾고 도전을 극복할 수 있다는 믿음은 그들의 심리적 회복력을 크게 강화한다. 이러한 능력은 그들이 앞으로 마주하게 될 복잡한 사회적, 개인적 도전들을 성공적으로 navigating하는 데 필수적인 역량이 된다.

문제 해결력은 단순히 눈앞의 어려움을 해결하는 것을 넘어 미래에 대한 긍정적인 관점을 제공한다. 보호아동들이 복잡한 상황에서도 창의적으로 대처하고 해결책을 찾을 수 있는 능력은 그들의 자존감과 자신감을 크게 향상시킬 수 있다. 이는 단기적인 문제 해결을 넘어 장기적으로 그들의 사회적 적응력과 성공 가능성을 높이는 중요한 토대가 된다.

　문제 해결력은 단순한 기술이 아니라 하나의 종합적인 사고 과정이다. 이는 논리적 사고, 창의성, 감정 조절, 의사결정 능력 등 다양한 인지적, 정서적 능력이 통합된 복합적인 역량이다. 따라서 아동들에게 문제 해결력을 길러주기 위해서는 단순한 교육적 접근을 넘어 holistic한 지원이 필요하다.

　실제로 연구들은 문제 해결력이 뛰어난 아동들이 스트레스 상황에 더 잘 대처하고, 사회적 관계에서 더 성공적이며, 학업 및 개인적 성취도가 높다는 것을 보여준다. 이는 문제 해결력이 단순한 인지적 능력을 넘어 전인적 성장과 직결된다는 점을 시사한다. 따라서 보호아동들에게 체계적이고 지속적인 문제 해결력 개발 프로그램을 제공하는 것은 매우 중요하다.

　결론적으로, 창의적 사고와 문제 해결력의 개발은 보호아동들의 삶의 질을 근본적으로 향상시키는 핵심 전략이다. 이는 그들에게 단순한 기술을 넘어 새로운 가능성과 희망을 제공하는 강력한 도구가 될 수 있다. 우리는 이러한 잠재력을 발견하고 개발하기 위해 끊임없이 노력해야 한다.

레고 치유코칭과 보호아동의 창의적 사고와 문제 해결력

레고치유코칭은 이러한 능력을 개발하는 가장 효과적인 방법 중 하나이다. 놀이를 통해 자연스럽게 창의성을 자극하고 문제 해결 능력을 길러내는 과정은 아이들에게 즐거움과 학습을 동시에 제공한다. 특히 보호아동들은 이 과정을 통해 자존감을 회복하고 긍정적인 자아상을 형성할 수 있다.

아이들의 변화는 단계적이고 점진적으로 나타난다. 처음에는 작은 성취감에서 시작된 자신감이 점차 더 큰 도전을 향한 용기로 발전한다. 레고를 조립하며 경험하는 성공의 순간들은 그들의 내면에 깊은 변화의 씨앗을 심는다. 이러한 경험은 단순한 기술 습득을 넘어 삶의 근본적인 변화를 이끌어낸다.

레고는 단순한 장난감을 넘어 아동의 심리적, 인지적 발달에 깊은 영향을 미치는 강력한 도구로 인정받고 있다. 레고치유코칭은 이러한 레고의 본질적 특성을 활용하여 보호아동들의 내면적 성장과 치유를 도모하는 혁신적인 접근법이다. 이 방법은 놀이를 통해 아동의 심리적 방어막을 자연스럽게 허물고, 내재된 감정과 경험을 안전하게 표현할 수 있는 통로를 제공한다.

레고 활동의 심리적 메커니즘은 매우 복합적이다. 아동들은 레고 블록을 조작하면서 무의식적으로 자신의 내면세계를 구조화하고 재구성한다. 블록을 조립하고 해체하는 과정은 아동에게 통제감과 성취감을 동시에 제공하며, 이는 트라우마로 인해 상실감을 경험한 보호아동들에게 특히 중요한 심리적 경험이 된다. 블록을 통해 자신의 감정과 경험을 표현하는 과정은 언어로 표현하기 어려운 내면의 복잡한 감정을 외부로 끄집어내는 치유적 매개체 역할을 한다.

치유코칭의 관점에서 레고는 단순한 놀이도구가 아니라 소통과 치유의 매개체이다. 전문 코치는 아동이 레고를 통해 만들어내는 구조물과 그 과정을 세심하게 관찰하고 해석한다. 아동이 무의식적으로 선택하는 블록의 색상, 조립 방식, 구조물의 형태 등은 아동의 내면 상태를 반영하는 중요한 심리적 신호가 된다. 이러한 관찰을 통해 코치는 아동의 정서적 상태를 이해하고, 맞춤형 심리 지원 전략을 수립할 수 있다.

레고치유코칭의 또 다른 핵심 원리는 안전한 심리적 공간 제공에 있다. 트라우마를 경험한 보호아동들은 종종 자신의 감정을 표현하거나 신뢰관계를 형성하는 데 어려움을 겪는다. 레고는 이러한 아동들에게 언어적 부담 없이 자신을 표현할 수 있는 비언어적 소통 도구를 제공한다. 블록을 통한 창작 활동은 아동에게 심리적 안전함을 느끼게 하며, 점진적으로 자신의 내면세계를 탐색하고 치유할 수 있는 기회를 만들어낸다.

구조화된 레고 활동은 아동의 인지적, 정서적 회복력 강화에도 중요한 역할을 한다. 블록을 조립하고 문제를 해결하는 과정은 논리적 사고와 창의성을 동시에 자극한다. 실패를 두려워하지 않고 다양한 방식으로 시도할 수 있는 레고의 특성은 회복탄력성 발달에 긍정적인 영향을 미친다. 아동은 레고를 통해 실패를 경험하고, 다시 시도하며, 점진적으로 문제 해결 능력을 향상시킬 수 있다.

레고의 심리적 효과

레고는 단순한 장난감을 넘어 아동의 심리적 발달에 깊고 의미 있는 영향을 미치는 매우 특별한 도구이다. 아동들이 레고 블록을 만지고 조립하는 과정은 단순한 놀이를 넘어 그들의 내면 깊숙한 곳에 숨겨진 심리적 치유의 메커니즘을 작동시킨다.

레고 활동은 먼저 아동의 감정 조절 능력을 향상시킨다. 블록을 조립하는 동안 아이들은 좌절, 인내, 성취감 등 다양한 감정을 경험하게 된다. 실패와 성공을 반복하면서 자연스럽게 감정의 파도를 학습하고 조절하는 능력을 키울 수 있다. 이 과정에서 아이들은 자신의 감정을 안전하게 표현하고 관리하는 방법을 배우게 된다.

또한 레고는 심리적 방어막의 역할도 수행한다. 특히 트라우마를 경험한 보호아동들에게 레고는 안전한 소통의 도구가 된다. 말로 표현하기 어려운 내면의 감정과 경험을 블록을 통해 간접적으로 표현할 수 있기 때문이다. 아이들은 블록을 통해 자신의 내면세계를 재구성하고 치유의 과정을 시작할 수 있다.

레고 활동은 아동의 자존감 회복에도 결정적인 역할을 한다. 블록을 조립하고 완성하는 과정에서 성취감과 자신감을 느끼게 되며, 이는 그들의 심리적 자아를 강화한다. 특히 보호아동들은 종종 낮은 자존감과 자신감 부족을 겪는데, 레고는 이러한 심리적 장벽을 허무는 강력한 도구가 된다.

감정적 표현의 측면에서도 레고는 독특한 심리적 치유 메커니즘을 가진다. 아이들은 레고를 통해 자신의 내면에 있는 감정들을 은유적이고 상징적인 방식으로 표현할 수 있다. 예를 들어, 붉은색 블록으로 분노를, 파란색 블록으로 슬픔을, 노란색 블록으로 기쁨을 표현하는 식이다. 이러한 은유적 표현은 아동들이 자신의 감정을 더욱 안전하고 편안하게 탐색할 수 있게 해준다.

더불어 레고는 아동의 스트레스 해소에도 효과적이다. 블록을 조립하고 분해하는 반복적이고 집중적인 활동은 명상과 유사한 심리적 효과를 발휘한다. 이 과정에서 아이들은 현재의 순간에 집중하게 되고, 과거의 트라우마나 미래에 대한 불안에서 잠시 벗어날 수 있다. 이는 심리적 안정과 평화를 가져다주는 중요한 치유의 메커니즘이 된다.

심리적 성장의 관점에서 볼 때, 창의적 사고와 문제 해결력은 트라우마를 극복하고 긍정적인 미래를 설계하는 치유의 도구가 된다. 과거의 부정적인 경험을 새로운 관점으로 바라보고 재해석할 수 있는 능력은 아이들에게 무한한 가능성을 열어준다. 이는 단순한 생존을 넘어 진정한 의미의 성장을 의미한다.

결국 레고치유코칭을 통한 변화는 아이들의 전인적 성장으로 이어진다. 인지적 능력, 정서적 안정, 사회적 적응력이 균형 있게 발달하며, 이는 그들이 미래에 직면할 다양한 도전에 대비할 수 있게 해준다. 창의적 사고와 문제 해결력은 더 이상 선택적 기술이 아니라 생존과 성장을 위한 필수적인 능력이 된다.

❺ 놀이가 주는 심리적 치유 효과

자유로운 자기 표현과 감정 해소의 기회

놀이가 심리적 치유에 기여하는 가장 핵심적인 이유는 개인이 자유롭게 자기 표현을 하고 감정을 해소할 기회를 제공하기 때문이다. 인간은 감정을 언어로 온전히 표현하는 데 한계를 가지며, 때로는 말로 설명하기 어려운 복잡한 감정을 내면에 억누르고 살아간다. 놀이 활동은 이러한 감정을 자유롭게 드러낼 수 있는 창구가 되며, 특히 시각적이고 촉각적인 경험을 통해 감정을 형상화할 수 있도록 돕는다.

예를 들어, 레고 블록을 활용한 치유 코칭에서는 참여자가 말로 표현하기 어려운 슬픔, 분노, 두려움 등의 감정을 블록을 이용해 구체적인 형태로 형상화한다. 다양한 크기와 색상의 블록을 조합하는 과정에서 감정이 점차 구체화되며, 이는 감정을 외부로 표출하는 통로가 된다. 이러한 활동을 통해 개인은 자신도 미처 인식하지 못했던 내면의 감정을 객관적으로 바라볼 수 있으며, 감정을 조립하고 해체하는 과정에서 심리적 안정감을 회복할 수 있다.

심리학 연구에서도 비언어적 표현 활동이 감정 조절과 스트레스 감소에 긍정적인 영향을 미친다는 결과가 보고되고 있다. 특히, 예술 치료 및 놀이 치료 연구에서는 창의적인 표현 활동이 스트레스 호르몬인 코르티솔 수치를 낮추고, 자율신경계의 균형을 회복시키는 데 기여함이 입증되었다. 또한, 이러한 효과는 어린이뿐만 아니라 성인에게도 동일하게 적용되며, 성인은 놀이를 통해 자신의 내면을 재발견하고 내면의 목소리를 경청하는 경험을 하게 된다.

결국, 자유로운 자기 표현은 심리적 치유 과정의 핵심 요소이며, 개인이 자신의 감정을 자연스럽게 해소할 수 있도록 돕는 강력한 도구이다. 이는 다양한 임상 및 상담 현장에서 활용되며, 심리적 치유와 정서적 안정을 위한 효과적인 방법임이 재확인된다.

신체와 인지의 협력에 의한 창의적 치유 효과

놀이가 심리적 치유에 기여하는 또 다른 중요한 이유는 신체와 인지의 협력을 통해 창의적 문제 해결 능력을 향상시키고, 스트레스를 완화하는 효과를 증진하기 때문이다. 놀이 활동은 손과 눈의 협응을 요구하며, 동시에 두뇌의 창의적 사고를 활성화한다. 이는 개인이 고정된 사고 방식에서 벗어나 보다 유연한 관점으로 문제를 바라볼 수 있도록 돕는다.

예를 들어, 레고치유코칭에서는 참여자가 직접 블록을 조립하면서 자신의 문제나 고민을 시각적으로 표현하게 된다. 이러한 과정에서 단순히 문제를 고민하는 것이 아니라, 문제를 '구조화'하고, 이를 다양한 방식으로 변형하며 해결책을 모색하게 된다. 이는 문제 상황을 보다 명확하게 인식하도록 만들며, 창의적인 해결책을 찾는 데 중요한 역할을 한다.

신경과학 연구에 따르면, 신체적 활동과 창의적 활동이 결합될 때 전두엽이 활성화되면서 스트레스 호르몬이 감소하고, 집중력과 인지 유연성이 증진되는 효과가 나타난다. 또한, 놀이를 통해 발생하는 '몰입(flow) 상태'는 긍정적인 정서를 촉진하며, 불안 및 우울감 감소에도 기여하는 것으로 밝혀졌다.

이러한 효과는 단순히 개인의 심리적 치유를 넘어, 기업의 혁신 워크숍이나 교육 현장에서도 활용되며, 직원과 학생들의 문제 해결력과 협업 능력을 크게 향상시키는 데 기여하고 있다. 따라서, 신체와 인지의 협력이 이루어지는 놀이 활동은 단순한 즐거움을 넘어 개인의 심리적 회복력과 창의성을 증진하는 강력한 치유 도구이다.

집단 놀이와 사회적 상호작용을 통한 정서적 지지

놀이가 심리적 치유에 기여하는 또 다른 중요한 이유는 집단 놀이와 사회적 상호작용을 통해 정서적 지지와 신뢰를 형성할 수 있기 때문이다. 인간은 사회적 존재이며, 감정을 공유하고 타인과 소통하는 과정에서 위로와 지지를 받는다.

집단 놀이 환경에서는 개인이 자신의 감정을 표현하고, 타인의 감정을 이해하는 과정을 경험한다. 예를 들어, 레고를 활용한 집단 치유 코칭에서는 참여자들이 함께 모델을 조립하고 이야기를 나누면서 서로의 경험을 공감하고, 감정적 부담을 나누게 된다. 이러한 과정은 사회적 고립감을 해소하는 데 기여하며, 구성원들 간의 신뢰 관계를 강화하는 역할을 한다.

연구 결과에 따르면, 집단 활동은 개인의 정서적 안정과 회복에 긍정적인 영향을 미치며, 사회적 유대감을 형성하는 과정이 스트레스 완화와 우울감 감소에도 효과적이다. 특히, 팀 기반 프로젝트나 협업 워크숍에서 나타난 사례들은 구성원들이 서로의 강점을 발견하고, 상호 보완을 통해 문제를 해결하는 과정에서 공동체 의식을 형성하는 모습을 보여준다.

이러한 경험은 개인에게 소속감을 제공하며, 심리적 안정감을 조성하는 중요한 역할을 한다. 따라서, 집단 놀이와 사회적 상호작용은 치유 과정에서 정서적 지지를 강화하고, 개인의 심리적 회복력을 높이는 핵심적인 요소이다.

몰입 경험과 자기 효능감 증진에 의한 회복력 강화

놀이가 치유에 효과적인 또 다른 이유는 몰입 경험과 자기 효능감 증진을 통해 개인의 회복력을 강화하기 때문이다. 몰입(flow) 상태에 도달한 개인은 시간과 공간을 잊고 온전히 현재의 활동에 집중하며, 이 과정에서 심리적 안정을 찾고 스트레스를 해소할 수 있다.

예를 들어, 레고치유코칭을 진행하는 동안 참여자는 블록 하나하나에 자신의 생각과 감정을 투영하면서, 문제 해결의 과정을 경험하게 된다. 이 과정에서 자신이 직접 문제를 해결해 나가는 경험을 하게 되며, 결과적으로 성취감을 느낄 수 있다. 이러한 경험은 자기 효능감을 증진시키며, 개인이 앞으로의 도전에 대해 보다 능동적으로 대응할 수 있도록 돕는다.

심리학 연구에 따르면, 몰입(flow) 상태는 긍정적인 정서를 촉진하고, 불안과 우울을 감소시키는 중요한 요소이다. 또한, 몰입 상태에서 경험하는 성취감은 개인이 어려운 상황에서도 긍정적인 변화를 이끌어낼 수 있는 원동력이 된다.

실제로 다양한 심리 상담 및 코칭 사례에서도 놀이를 통한 몰입 경험이 스트레스 해소와 자기 회복력 강화에 크게 기여한 사례들이 다수 보고되고 있다. 몰입 경험이 반복될수록 개인은 자신의 능력에 대한 신뢰를 가지게 되며, 이는 장기적으로 심리적 회복력과 자아통합을 촉진하는 데 기여한다.

결국, 몰입 경험과 자기 효능감 증진은 심리적 치유 과정에서 개인의 내적 자원을 활성화하는 핵심 요소이며, 놀이 활동이 정서적 회복과 심리적 건강을 증진하는 중요한 이유이다. 이러한 놀이의 치유적 효과는 앞으로도 다양한 심리 치료, 교육, 조직 개발 등의 분야에서 더욱 확장되어 활용될 것이다.

Chapter 2
보호아동을 위한
레고치유코칭

—

보호아동의 정서적 필요와 심리 이해
레고로 감정을 표현하기
트라우마 치유를 위한 레고 활동
그룹 활동에서의 협력과 소통
레고를 통한 자기 강점 발견
안전한 공간에서의 감정 표현과 신뢰 형성

레고치유코칭: 브릭으로 쌓아 올리는 마음 치유

작가 소개

레고와 심리 치유의 세계

홍옥녀

"단 한사람의 내 편인
마더홍 코치"

코칭경영원 전문코치
대한간호조무사협회 명예회장
국제코칭연맹 인증 전문코치 (PCC)
한국코치협회 인증 전문코치 (KSC)
미)갤럽 강점 인증코치 | 코칭슈퍼비이지 by 고칭경영원 | 스마트 코칭 FT
한국코치협회 KAC기관심사위원
SERIOUSWORK 인증 LSP Facilitator
NLP 마스터 프랙티셔너(ACPK 국제공인)
전) 아이키우기좋은나라운동본부공동대표
전) 숭의여대 외래교수(가족복지과)
단국대학교 보건학 박사 | 한양대학교 행정학 석사

레고치유코칭: 브릭으로 쌓아 올리는 마음 치유

조성윤

"나 다운 성장을
돕는 마음 코치"

초등학교 특기적성 강사
그림책 마인드셋 강사
그림책 마들렌 동탄2센터장
SERIOUSWORK 인증 LSP Facilitator
한국코치협회 인증 전문코치 (KPC)
한국미디어창업뉴스 기자
태니지먼트 강점코치
에니어그램코칭 Facilitation

레고와 심리 치유의 세계

김숙정

"당신의 가장 빛나는 결정적 순간을 함께하는 크런치 타임"

크런치타임 대표
(사) ESG코리아 서울네트워크 대표
법무부 보호관찰 위원
학교폭력전담 조사관
국제코칭연맹 인증 전문코치 (PCC)
한국코치협회 인증 전문코치 (KPC)
SERIOUSWORK 인증 LSP Facilitator
임파워링코칭 FT
숭실대학교 프로젝트 경영 코칭심리학 박사 수료
국민대 경영대학원 리더십과 코칭전공

Chapter 2

보호아동을 위한 레고치유코칭

❶ 보호아동의 정서적 필요와 심리 이해

보호아동에게 필요한 것은 정서적 안정과 자기 표현의 기회이다

보호아동은 가족 해체, 학대, 방임 등의 경험을 겪으며 심리적 불안과 정서적 결핍을 겪는다. 이들에게 가장 필요한 것은 따뜻한 관심과 정서적 안정, 그리고 자신을 표현할 수 있는 기회다. 레고치유코칭은 이러한 필요를 채워주는 강력한 도구다. 손으로 블록을 조립하며 심리적 안정을 얻고, 창의적인 놀이를 통해 내면의 감정을 자연스럽게 표현할 수 있다.

예진(가명, 5세)이는 밝고 활발한 아이였다. 하지만 처음 만난 날, 낯선 사람을 경계하며 조용히 앉아 있었다. 거실에는 정성스럽게 정리된 장난감들이 놓여 있었고, 엄마는 거리를 두고 지켜보고 있었다. 작은 칭찬이 시작이었다. "정리를 참 잘했구나, 이 장난감은 어떤 이야기일까?" 예진이는 조심스럽게 입을 열더니, 곧 신나게 자신이 좋아하는 것들을 설명하기 시작했다.

첫 번째 레고 세션에서 예진이는 가족을 표현했다. 아빠, 엄마, 이모, 언니와 오빠들을 하나하나 만들고, 여자들에게는 화장을 해주고, 남자들은 간지럼을 태우겠다고 말했다. "이건 깡총이야. 여기 침대에서 자고 있어." 깡총이를 안전하게 보호해 주고 싶다며 작은 울타리까지 만들었다. 표현하는 과정 속에서 예진이는 자기만의 방식으로 가족과의 관계를 정리하고 있었다.

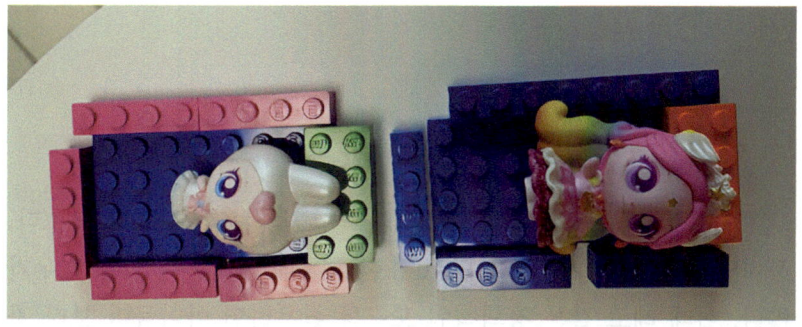

그림. 예진이가 만든 깡총이의 침대

시간이 흐르며 예진이는 점점 더 자신의 감정을 표현하기 시작했다. 두 번째 세션에서는 자신이 잘하는 것을 찾는 시간이 있었다. 핑크 하트를 그리고, 무지개를 색칠하며 "무지개를 보면 기분이 좋아져요"라고 말했다. 자신이 가장 잘하는 것은 "엄마랑 오빠랑 어깨동무하는 거"라며 레고로 재현했다. 아빠와 함께 있는 모습을 만들며 "아빠는 차에서 잠을 잘 자요"라고 덧붙였다. 가족과 함께한 행복한 순간들을 하나하나 떠올리며 표현하는 과정은 예진이에게 안정감과 자신감을 주었다.

보호아동에게 중요한 것은 누군가가 자신을 있는 그대로 받아주고, 표현할 기회를 주는 것이다. 레고치유코칭은 놀이를 통해 자연스럽게 아이의 내면을 들여다볼 수 있도록 돕는다. 예진이의 변화처럼, 작은 블록 하나가 쌓이고, 또 쌓이며 아이의 마음속에도 변화가 자리 잡는다.

레고치유코칭은 보호아동뿐만 아니라 감정을 말로 표현하는 것이 서툰 모든 아이들에게도 소중한 도구다. 한 블록 한 블록 쌓아가며 아이들은 자기 자신을 이해하고, 세상과 소통하는 법을 배운다. 놀이를 통해 얻은 작은 경험들이 아이들에게 큰 힘이 되어준다.

❷ 레고로 감정을 표현하기

레고는 비언어적 감정 표현의 강력한 도구이다

감정을 표현하는 것은 심리적 건강을 유지하는 데 중요한 요소다. 하지만 보호아동은 감정을 말로 표현하는 데 어려움을 겪는 경우가 많다. 이때 레고 같은 창의적인 도구를 활용하면 아이들이 보다 자연스럽게 감정을 표출하고 정리할 수 있다. 레고치유코칭은 색깔, 형태, 구조물을 조합하여 아이들의 감정을 표현하도록 돕는다.

세 번째 세션에서 예진이는 오리 가족을 만들었다. 가족을 하나하나 조립하면서 "이건 우리 가족이에요. 아빠, 엄마, 오빠, 할머니, 할아버지, 이모, 고모, 언니, 그리고 아기까지!"라며 신나게 설명했다. 가족마다 다른 역할을 부여하고, 오리를 배치하며 가족 관계를 표현하는 모습이 인상적이었다.

그림. 예진이가 레고로 만든 오리 가족

　느낌 카드 활동에서는 '기대되는', '다정한', '충만한'이라는 단어를 선택했다. 엄마는 '사랑스러운', '홀가분한', '친근한'을 골라 읽어주었다. 함께 나눈 따뜻한 시간 덕분인지 예진이는 평소보다 더욱 적극적으로 이야기를 이어갔다. 자신이 직접 만든 오리 가족을 보며 자랑스럽게 웃었다.

　네 번째 세션에서는 꿈과 미래를 표현했다. 예진이는 "동물원을 만들고 싶어요!"라며 동물들을 하나씩 들고 움직이며 즐겁게 설명했다. 레고로 만든 집에는 울타리를 두르고, 침대를 만들고, 꽃을 심었다. "여기서 가족이랑 같이 자고, 꽃이 활짝 피어 있어요." 레고를 통해 자신이 바라는 미래의 모습을 담아낸 것이다.

　마지막 순간, 예진이는 손을 모으고 또박또박 기도했다. "코치님을 만나게 해주셔서 감사합니다. 코치님과 함께 레고 할 수 있어서 감사합니다. 우리 코치님을 잘 지켜주시고 보호해 주세요." 엄마도 이어서 기도했다. 감동적인 시간이었고, 예진이의 변화가 눈에 보였다. 처음에는 낯설어하던 아이가 이제는 자신의 감정을 자유롭게 표현하고 있었다.

　처음에는 낯설고 서툴렀던 작은 손이, 이제는 자신의 감정을 스스로 표현하고 감사의 기도를 올리는 손이 되었다. 예진이의 성장은 블록처럼 차곡차곡 쌓여가고 있었다. 레고치유코칭은 단순한 놀이가 아니다. 보호아동에게는 자기 자신을 표현하고, 이해받을 수 있는 소중한 기회다. 작은 블록 하나하나를 쌓아 올리며 아이들은 자기만의 이야기를 만들어 간다. 그리고 그 과정 속에서, 마음의 상처는 천천히 치유된다.

❸ 트라우마 치유를 위한 레고 활동

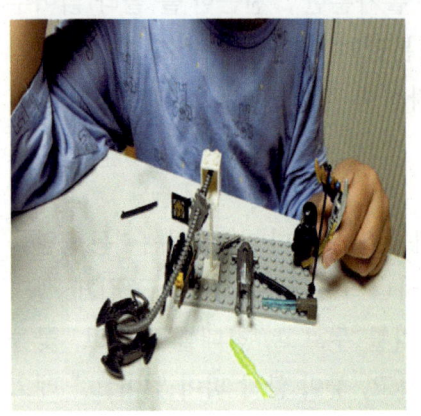

개별 트라우마 치유를 위한 레고 활동은 보호아동이 내면의 상처를 안전하게 표출하고 재구성함으로써, 심리적 회복과 자기효능감을 증진시키는 효과적인 치유 기법이다. 이 활동은 아동이 언어로는 표현하기 어려운 트라우마적 경험을 물리적, 시각적 형태로 전환하여 감정을 다루도록 돕는다. 아동은 레고 블록이라는 구체적인 도구를 사용하여 자신이 겪은 부정적 경험을 형상화하고, 이를 재구성하는 과정을 통해 "내가 내 상처를 극복할 수 있다"는 자기 통제감과 자존감을 회복할 수 있다.

실제 사례에서, 한 보호아동은 가정 내 폭력과 방임으로 인해 내면에 깊은 상처를 안고 있었다. 코칭 세션에서 아동은 레고 블록을 이용하여 '부서진 성벽'과 같은 구조물을 만들어 자신의 트라우마를 재현하였다. 이후, 코치와의 대화를 통해 아동은 그 구조물을 다시 조립하며 "내가 이 상처를 극복하고 스스로를 재구성할 수 있다"는 긍정적 메시지를 받아들였다. 이와 같이 개별 레고 활동은 아동이 자신의 감정을 구체적 대상에 옮겨서 외부화함으로써 심리적 부담을 덜고, 나아가 내면의 통제력을 회복하는 데 기여한다.

또한, 신경과학적 연구는 손과 눈의 협업을 통해 창의적 문제 해결 과정에 몰입할 때 스트레스 호르몬이 감소하고 정서적 안정이 촉진됨을 보여준다. 레고 활동은 이러한 원리를 바탕으로 아동이 직접 손으로 블록을 조립하고 재구성하는 과정을 통해, 자신의 감정을 객관적으로 바라보고 재구성할 수 있도록 유도한다. 코치는 아동이 만든 작품에 대해 긍정적인 피드백을 제공하며, 아동이 자신이 겪은 경험을 재해석할 수 있도록 구체적인 질문과 지도를 병행한다. 이를 통해 "내가 만든 이 구조물은 나의 회복력을 상징한다"는 인식이 자연스럽게 형성된다.

결론적으로, 개별 트라우마 치유를 위한 레고 활동은 보호아동이 자신만의 내면 세계를 안전하게 탐색하고 재구성할 수 있는 효과적인 방법이다. 이 과정은 아동에게 단순한 놀이 이상의 의미를 부여하며, 내면의 부정적 감정을 긍정적 변화로 전환하는 데 결정적인 역할을 한다. 향후 심리치료 및 코칭 프로그램에서 이러한 활동은 보호아동의 자아 회복과 자기효능감 증진을 위한 필수적인 요소로 자리매김할 것이다.

❹ 그룹 활동에서의 협력과 소통

집단 기반 레고 활동은 보호아동들이 서로의 감정을 공유하고, 협력과 소통을 통해 상호 신뢰와 유대감을 형성함으로써 치유 과정을 촉진하는 핵심적인 접근법이다. 그룹 활동을 통해 아동들은 "나만의 고통이 아니다"라는 공감대를 형성하고, 함께 문제를 해결하는 과정을 경험하며 대인 관계 기술과 사회적 상호작용 능력을 향상시킬 수 있다. 이는 개인의 내면 치유를 넘어, 집단 내 긍정적 에너지와 협력 문화를 조성하는 데 기여한다.

그림. 아동들이 협동 해서 만든 레고 모델 - 우리마을 만들기

실제 사례에서는 보호아동 그룹이 '우리 마을 만들기'와 같은 협동 활동을 수행하였다. 각 아동은 자신이 경험한 트라우마적 요소를 상징하는 개별 구조물을 제작한 후, 이를 하나의 공동 작품으로 결합하였다.

이 과정에서 아동들은 서로의 작품에 대해 긍정적 피드백을 주고받으며, 각자의 상처가 집단 속에서 치유될 수 있음을 체험하였다. 한 아동은 자신이 만든 '부서진 다리' 구조물이 다른 아동의 '회복의 벽'과 결합되면서 '함께하면 내가 혼자가 아니라는 것을 느낀다'는 인식을 확립하였고, 이는 집단 내 신뢰와 협력의 기초가 되었다.

또한, 그룹 활동에서는 역할 분담과 공동의 목표 설정이 중요한 요소로 작용한다. 코치는 아동들이 서로의 의견을 경청하고 조율할 수 있도록 개방형 질문과 토론을 유도하며, 각 아동이 자신의 강점을 발휘할 수 있도록 역할을 배분한다. 이 과정은 아동들이 자신의 의견을 논리적으로 표현하고 타인의 생각을 존중하는 법을 학습하게 하며, 대인관계에서의 자신감을 증진시키는 데 기여한다. 예를 들어, '레고 마을의 법칙 만들기' 활동을 통해 아동들은 규칙을 설정하고 협력하는 경험을 하면서, 자연스럽게 소속감과 공동체 의식을 키웠다.

또한, 집단 활동 후 진행되는 피드백 세션은 아동들이 자신의 경험을 공유하고, 협력 과정에서 느낀 긍정적 변화를 재확인할 수 있는 중요한 시간이다. 코치는 "오늘 활동에서 가장 좋았던 점은 무엇인가요?"와 같은 질문을 통해 아동들이 활동을 통해 배운 점을 정리하도록 돕고, 이를 통해 협력의 가치를 더욱 확실하게 인식하게 한다. 이와 같은 성찰 과정은 아동들이 자신을 보다 객관적으로 바라보고, 장기적인 정서적 성장을 도모하는 데 필수적이다.

결론적으로, 그룹 기반 레고 활동은 보호아동들이 서로의 감정을 공유하고 협력하는 과정을 통해 대인 관계에서의 신뢰와 소통 능력을 향상시키는 효과적인 치유 방법이다.

이러한 활동은 아동들이 공동체 속에서 긍정적 상호작용을 경험하고, 사회적 유대감을 형성하는 데 결정적인 역할을 하며, 장기적으로 심리적 안정과 정서적 성장을 지원한다. 향후 보호아동을 위한 레고치유코칭 프로그램에서는 이러한 집단 활동이 지속적으로 확산되어, 아동들이 건강한 사회적 관계를 형성할 수 있는 기반을 마련할 것으로 기대된다.

❺ 레고를 통한 자기 강점 발견

성남시에서 레고 치유 코칭을 진행하면서 아이들이 자신을 발견하고 성장해가는 모습을 지켜보았다. 특히 하온(가명)이와의 코칭 과정은 자기 이해(Self-awareness)와 강점 발견(Strength-based approach)이 개인에게 얼마나 중요한 영향을 미치는지를 다시금 깨닫게 해 주었다.

심리학자 다니엘 골먼(Daniel Goleman)의 감성 지능 이론에 따르면, 자기 이해가 높은 사람일수록 자신의 감정을 효과적으로 조절하고 대인관계를 원활하게 유지할 수 있다. 또한, 마틴 셀리그만(Martin Seligman)과 크리스토퍼 피터슨(Christopher Peterson)은 강점 발견이 개인의 성장과 심리적 안정을 촉진하는 핵심 요소라고 강조했다. 이러한 이론적 배경은 하온이 코칭을 통해 점차 변화하는 과정과도 맞닿아 있었다.

하온이는 처음 코칭을 받을 때부터 또래 친구들보다 어른스러운 태도를 보였다. 항상 바른 자세를 유지하고, 어른들이 좋아할 만한 답변을 했으며, 감정을 절제하는 모습이 강했다. 하지만 레고 블록을 활용한 코칭이 진행되면서, 하온이는 점차 자신의 감정을 솔직하게 표현하기 시작했다.

처음 만든 레고 모델은 높은 벽과 닫힌 공간이었다. "그냥 이렇게 만들고 싶었어요."라고 했지만, 이후 진행된 대화 속에서 이것이 자신을 보호하려는 무의식적 표현이라는 것을 알게 되었다. 시간이 지나면서 하온이의 모델은 점점 개방된 구조로 변화했다. 마침내, "햇살이 비치는 넓은 공원에서 쉬고 싶어요."라고 말했다. 하온이에게 여유롭고 안전한 공간은 자신의 감정이 편안하게 놓일 수 있는 곳이었다.

하온이는 아빠의 부재 (가정폭력으로 인한 구속 수감 중)에 대해 "솔직히 지금이 더 편해요. 아빠는 방에서 게임만 하고 나오면 화를 냈어요. 그래서 지금이 더 좋아요."라고 말했다. 처음에는 그 말이 단순한 사실 전달인 줄 알았지만, 이후 하온이 계속해서 '여유'와 '편안함'을 강조하는 것을 보며 그것이 현재 자신의 감정을 조절하는 방식이라는 것을 깨달았다. 하온이는 감정을 솔직하게 표현하는 대신, '괜찮다'고 말하며 상황을 정리하는 방식을 선택하고 있었다.

또한, 하온이에게 엄마는 매우 중요한 존재였다. "엄마는 언제나 나를 지켜주는 사람이에요."라고 말하며, 엄마를 절대적으로 신뢰하고 있다는 점을 강조했다. 하지만 '엄마를 돕고 싶거나 챙겨야 한다는 부담감이 있느냐'는 질문에는 "엄마는 씩씩하게 잘 살아가고 있는 사람이니까 제가 특별히 엄마를 걱정하거나 챙겨야 한다는 부담감은 없어요."라고 답했다. 어른스럽게 보이는 대답이었지만, 스스로 감정을 절제하는 것이 습관화되어 있는 듯했다.

레고 치유 코칭을 통해 하온이는 자신의 감정을 더 깊이 이해하고, 스스로를 바라보는 방식을 바꿔 나갔다. 처음에는 단순한 놀이처럼 보였던 레고 블록이, 점차 자신의 감정을 표현하는 중요한 도구가 된 것이다. 스스로 선택한 색과 구조, 배치는 하온이가 원하는 삶의 방향을 은유적으로 보여주었다.

하온이는 여유롭고 평온한 공간을 만들고 싶어 했고, 마지막 세션에서는 벽이 없는 개방적인 공간에 잔디와 꽃이 가득한 모델을 완성했다. 이는 단순한 놀이가 아니라, 자신이 원하는 삶을 구체적으로 형상화하는 과정이었다. 코칭이 진행되면서 하온이는 자신의 감정을 좀 더 솔직하게 표현할 수 있게 되었고, 강점을 발견하면서 자신이 무엇을 원하고 있는지를 더 명확히 알게 되었다.

하온이가 2회기 코칭 시 만든 모델   하온이가 4회기 코칭 시 만든 모델

하온이가 코칭 초기 만든 작품의 특성은 회색과 검정색, 그리고 벽이 단단하게 막힌 공간, 구조물을 주로 만들었다. 코칭이 진행이 되면서 사용하는 단어들이 여유로움, 바람, 편안함으로 변화되었으며 레고 모델도 점차 변화가 있었다.

하온이의 변화는 코칭을 통해 자기 이해가 깊어지고, 강점을 발견하며 스스로를 긍정적으로 받아들이는 과정 그 자체였다. 레고 치유 코칭은 단순한 놀이가 아니라, 내면을 탐색하고 성장하는 강력한 도구임을 다시 한 번 확인할 수 있었다.

❻ 안전한 공간에서의 감정 표현과 신뢰 형성

심리적 안정감(Psychological Safety)은 개인이 자신의 감정을 솔직하게 표현하고, 타인의 반응을 두려워하지 않으며 자유롭게 사고를 전개할 수 있는 상태를 의미한다. 심리학자 에이미 에드먼슨(Amy Edmondson)은 심리적 안정감이 신뢰와 공감을 형성하는 데 핵심적인 요소라고 강조했다. 특히 성장기 아동들에게 신뢰할 수 있는 환경은 정서적 안정과 자아 존중감(Self-esteem)을 높이는 중요한 역할을 한다.

레고 치유 코칭은 이러한 이론적 배경을 바탕으로 아동들이 안전한 공간에서 자신의 감정을 표현하고, 신뢰를 형성할 수 있도록 돕는다. 특히, 자신의 감정을 솔직하게 표현하는 것이 어려운 아동들에게는 더없이 중요한 과정이다.

소연(가명)이는 초등학생 그룹 코칭에서 만난 아이로, 유독 자신감이 부족하고 자신의 이야기를 잘 하지 않는 모습이 두드러졌다. 또래보다 키가 크고 체격이 있는 여학생이었지만, 오히려 위축된 태도를 보이며 자신을 드러내길 꺼려했다. 처음 레고를 만들 때도 아주 작고 단순한 구조만 만들었고, 자신의 작품에 대한 설명도 하지 않으려 했다. 마치 '최대한 눈에 띄지 않고 싶다'는 듯한 행동을 보였다.

하지만 코칭이 진행되면서 소연이에게 자주 관심을 기울였고, 그녀의 이야기에 귀를 기울이며 편안한 분위기를 조성했다. 코치가 계속해서 "이게 어떤 의미일까?", "여기에는 어떤 생각이 담겨 있을까?"와 같은 질문을 던지며 소연이의 내면을 탐색할 수 있도록 유도했다. 시간이 지나면서 소연이는 점점 마음을 열고, 마침내 자신의 꿈을 이야기하기 시작했다.

"저는 군인이 되고 싶어요. 그런데 제가 군인이 된다고 하면 사람들이 다 저를 놀릴 것 같아요" 소연이는 작게 속삭이듯 말하며, 처음으로 자신의 꿈을 이야기했다. 그동안 친구들의 반응이 두려워서 가족에게조차 말하지 못했던 소연이었지만, 심리적 안정감이 형성되면서 조금씩 감정을 표현하기 시작했다.

코칭 회기가 거듭될수록 소연이는 점점 자신의 감정을 드러낼 수 있게 되었고, 마지막 회기에서는 직접 앞에 나와 자신이 만든 레고 모델을 발표했다. "이건 제가 서 있는 곳이에요. 여기서는 아무도 저를 비웃지 않아요. 저는 여기서 제 꿈을 이야기할 수 있어요."라며 스스로 만든 모델을 자랑스럽게 설명했다. 코칭 초기의 소연이

소연이가 만든 자신의 꿈에 대한 모델

와 비교하면, 놀라운 변화였다.

 이 과정에서 심리적 안정감이 소연이의 성장에 큰 역할을 했음을 알 수 있었다. 소연이는 점차 신뢰를 쌓아가며 자신의 감정을 솔직하게 표현하기 시작했고, 처음에는 두려워 숨기던 자신의 꿈을 자신 있게 이야기할 수 있는 아이로 변화했다. 단순히 말을 꺼내는 것이 아니라, 자신의 꿈을 구체적으로 설명하고 목표를 설정하는 과정에서 점점 더 확신을 가지게 되었다. 지지적인 환경 속에서 타인의 반응을 두려워하지 않게 되면서, 소연이는 자신의 감정을 자연스럽게 표현할 수 있는 힘을 기르게 되었다.

 코칭이 진행될수록 소연이는 자신의 강점을 깨닫고, 이를 바탕으로 목표를 설정하고 실천할 수 있는 자신감을 가지게 되었다. 안전한 환경에서 정서적 안정을 찾으며, 스스로의 꿈과 목표를 구체적으로 다듬어 가는 과정은 단순한 놀이를 넘어 진정한 자기 성장의 과정이었다. 결국 레고 치유 코칭은 소연이 내면의 두려움을 극복하고 자신감을 되찾아가는 여정에서 중요한 역할을 했으며, 그녀가 자신의 미래를 긍정적으로 그릴 수 있도록 도와주는 강력한 도구가 되었다.

Chapter 3
학교폭력 피해자를 위한 레고치유코칭

—

학교폭력과 정서적 상처
레고를 활용한 관계 회복
친구 관계 개선을 위한 그룹 활동
불안과 두려움을 다루는 브릭 활동
자존감과 정체성을 키우는 브릭 활동

레고치유코칭: 브릭으로 쌓아 올리는 마음 치유

작가 소개

레고와 심리 치유의 세계

이주연

"마음속 씨앗이 싹틀 수 있도록
비추고, 기다리며, 성장의 순간을
함께 지켜보는 사람"

크런치타임 교육기획이사
(사) ESG코리아 이사
(사) ESG코리아 서울네트워크 사무국장
SERIOUSWORK 인증 LSP Facilitator
국방부 군인성교육 전문강사
법무부 보호관찰위원 | 범죄예방위원
서울동부보호관찰소 정신건강전문요원
중등정교사 (영어영문학, 교육학)
전) 남양주시일시청소년쉼터 상담원

레고치유코칭: 브릭으로 쌓아 올리는 마음 치유

김성실

"당신 안의 거인을 따뜻하게 깨우는 성장코칭 전문가"

에이레네 마인드 코칭 랩 대표

한국코치협회 인증 전문코치 (KPC)

크리스천코칭협회 인증 강사 & 코치 (CPC)

SERIOUSWORK 인증 LSP Facilitator

PREDIGER 진로 & 커리어 코칭 강사

가족코칭전문가 | 성품지도사 1급

중등정교사 (생명과학, 교육학)

임상학습 전문가 | 인지행동 심리사

Chapter 3

학교폭력 피해자를 위한 레고치유코칭

❶ 학교폭력과 정서적 상처

보이지 않는 상처, 깊이 남는 아픔

학교폭력은 단순히 신체적인 피해를 남기는 것이 아니라, 피해자의 정서적·심리적 건강에도 깊은 상처를 남긴다. 폭력을 당한 학생들은 두려움과 불안을 지속석으로 경험하며, 자신이 속한 또래 집단에서 점점 멀어지는 소외감을 느낀다. 친구들과의 관계에서 배척당하거나 조롱당하는 경험이 반복될수록, 피해 학생들은 스스로를 지키기 위해 감정을 숨기고 방어 기제를 작동시키게 된다.

이러한 방어 기제는 때로는 침묵으로, 때로는 무기력한 태도로 나타나며, 피해자는 점점 더 내면에 갇혀버리게 된다. 겉으로 보기에 아무렇지 않은 듯 행동할 수도 있지만, 사실상 그들은 사람을 신뢰하지 못하고, 사람들과 거리를 두며, 관계를 형성하는 것 자체를 두려워하게 된다. 시간이 지나면서 이러한 정서적 상처는 자존감 저하와 우울감으로 이어질 수 있으며, 결국 대인관계뿐만 아니라 학업과 일상생활에도 부정적인 영향을 미치게 된다.

그래서 대부분의 학교폭력 피해자들은 자신의 감정을 표현하는 것에 어려움을 겪는다. 또래와의 관계에서 상처를 받았던 경험이 반복될수록, 그들은 자신의 감정을 드러내는 것이 또 다른 공격을 불러올 것이라 생각하고 더욱 움츠러들게 된다. "내가 뭘 해도 소용없어."라는 무력감과 "말하면 더 힘들어질 거야."라는 불안감이 쌓이면서 점점 말수가 줄고, 표정도 어두워진다. 이처럼 부정적인 감정이 누적되면 피해자는 점차 자기 자신을 숨기는 방향으로 행동하게 되고, 사회적 관계에서의 단절을 스스로 선택하는 경우도 많다.

이러한 심리적 상처를 치유하기 위해서는 위로와 조언을 해주는 것만으로는 부족하다. 피해 학생들은 안전한 환경에서 자신의 감정을 자연스럽게 표현하고, 건강한 관계를 형성할 수 있는 경험이 필요하다. 자기 방어를 내려놓고 조금씩 타인과 소통할 수 있는 공간이 마련될 때, 비로소 관계의 회복이 시작될 수 있다.

그림. 학교폭력 피해자가 만든 교실 속 풍경 (사람들이 볼 때 학교 안은 평화롭게 보이겠지만 보이지 않는 곳에서 많은 상처를 받는다고 교실 안의 두 얼굴을 표현하고 이야기함)

❷ 레고를 활용한 관계 회복

마음의 벽을 허물며, 다시 세상과 연결되다

 중학교에 입학한 지훈(가명, 14세)이는 새로운 환경에 적응하는데 어려움을 겪었다. 친구들과 어울리고 싶었지만, 어떻게 다가가야 할지 몰라 점점 혼자가 되는 시간이 많아졌다. 친구들은 그런 지훈이를 놀리기 시작했고 지훈이는 끊임없는 놀림을 견디다 못해 점점 말수가 줄어들고 표정도 어두워졌다. 친구들이 "너 벙어리냐?"라고 놀리면, 지훈이는 더욱 움츠러들고 경직되기만 했다.

 그렇게 시들어 가던 지훈이를 레고치유코칭 프로그램에서 만났다. 처음에는 어색하고 낯설었는지 대답을 거의 안 하고 말수도 적었다. 정말 다행인 것은 레고치유코칭 프로그램은 말을 하지 않아도 자신의 감정을 표현할 수 있는 활동이라는 것이다.

 특히, 직접 손으로 무언가를 만들면서 생각을 정리할 수 있다는 점이 지훈이에게 편안함을 준 것인지 조금씩 긴장을 푸는 모습을 관찰할 수 있었다. 지훈이에게 "지금 너의 감정을 표현하는 레고 모델을 만들어 볼래?"라고 질문하자 자신의 감정을 조용히 표현하기 시작했다.

 지훈이는 처음에는 작은 레고 조각 몇 개를 조심스럽게 쌓았지만, 점차 자신의 마음을 나타내기 위해 레고 블록들을 높게 쌓기 시작했다. 레고치유코치가 "이 높은 성벽처럼 보이는 것은 어떤 의미일까?"라고 묻자, 지훈이는 처음으로 자신의 속마음을 이야기하기 시작했다. 그는 "이건 나를 보호하는 벽이에요. 아무도 나한테 다가오지 못하게 막기 위해서요."라고 말하며 자신의 불안과 두려움을 표현했다.

"그랬구나, 그러면 이 벽 안에 있을 때 지훈이의 기분은 어때?"라는 질문에 "아무것도 안 보고 아무것도 생각하지 않을 것 같아요."라고 대답했다. 자신이 만든 레고 모델을 함께 보고 질문하며 몇 차례 대화가 오가자 레고치유코치와의 관계가 편안해졌는지 지훈이는 그때부터 조금씩 자신의 이야기를 하기 시작했다. 레고 블록들을 단단하게 연결하는 활동을 하면 할수록 마음속에 높고 단단하게 연결되어 있던 벽을 조금씩 조금씩 허물어 가는 지훈이를 보며 사람과의 관계에서 상처받은 마음이 치유되고 있음을 작게나마 느낄 수 있었다.

학교폭력의 피해자는 친구들과의 관계를 단절하거나 새로운 관계 형성에 어려움을 겪는 경우가 많다. 특히 신뢰를 잃은 상태에서 다시 누군가와 가까워지는 것은 생각보다 쉽지 않은 일이다. 이러한 점에서 레고를 활용한 관계 회복 활동은 피해 학생이 편안한 환경에서 협력과 소통을 경험하며 신뢰를 다시 쌓을 수 있도록 돕는 효과적인 방법이다.

단순한 놀이를 넘어선 심리적 치유

관계 회복을 위한 레고 활동은 단순한 놀이가 아니라 심리적 치유 과정의 중요한 도구로 작용한다. 학교폭력 피해자는 대인관계에서 위축되고 타인과의 상호작용을 두려워하는 경향이 강하다. 이들은 신뢰를 형성하는 과정에서 반복적인 실패를 경험했기 때문에, 다시 관계를 맺는 것에 대한 거부감과 불안을 가지고 있다. 따라서 피해자가 강요 없이 자연스럽게 상호작용할 수 있도록 돕는 구조화된 환경이 필요하며, 레고 활동은 이러한 목적을 충족시키는 효과적인 방법이 될 수 있다.

연구에 따르면, 놀이 기반 치료는 트라우마를 경험한 개인이 자신의 감정을 탐색하고 표현하는 데 도움을 주며, 이를 통해 신뢰와 소속감을 회복하는 데 긍정적인 영향을 미친다. 특히, 손을 사용한 조작 활동은 감정 조절과 자기 표현을 촉진하여 정서적 안정감을 높이는 데 기여한다. 레고 활동은 이러한 특성을 활용하여 피해자가 무언가를 창조하는 과정을 통해 자기 통제력을 회복하고, 점진적으로 타인과의 관계를 형성할 수 있도록 돕는다.

레고 기반 관계 회복 활동의 핵심은 단계적인 접근 방식이다. 먼저, 피해자가 개인적으로 자신을 표현하는 작업을 수행한 후, 점진적으로 타인과 협력하는 활동으로 확장하는 방식이 효과적이다. 이러한 접근법은 피해자가 부담을 느끼지 않으면서도 자연스럽게 소통과 협력의 경험을 쌓을 수 있도록 한다. 또한, 협력적 목표를 설정하고 이를 달성하는 경험을 통해 사회적 유대감을 형성하는 기회를 제공하며, 이는 신뢰 회복과 관계 재건의 중요한 요소가 된다.

궁극적으로, 레고를 활용한 관계 회복 활동은 피해자가 또래와의 긍정적인 경험을 통해 사회적 기술을 익히고, 신뢰를 다시 형성할 수 있도록 돕는다. 이는 단순한 놀이를 넘어, 안전한 환경에서 관계 회복을 촉진하는 강력한 심리적 지원 도구로 자리 잡을 수 있다.

❸ 친구 관계 개선을 위한 그룹 활동

레고 그룹 활동의 관계 회복 효과

학교폭력 피해자는 또래와의 관계에서 위축되거나 새로운 대인관계를 형성하는 데 어려움을 겪는다. 반복적인 따돌림이나 괴롭힘을 경험한 학생들은 사람들과 가까워지는 것에 대한 두려움을 가지게 되고, 이는 점차 대인관계 회피로 이어질 수 있다. 특히, 피해 학생들은 타인과의 신뢰를 잃은 상태에서 새로운 관계를 맺는 것 자체를 심리적으로 큰 부담으로 느낀다. 이들에게는 강압적인 개입보다 자연스럽게 또래와 소통하고 협력할 수 있는 기회가 필요하다.

　레고를 활용한 그룹 활동은 이러한 문제를 해결하는 데 효과적인 방법이 될 수 있다. 원하는 주제의 모델을 함께 만들고 협력하는 과정에서 학생들은 부담 없이 상호작용하며 점진적으로 관계 형성을 경험하게 된다. 레고 활동은 놀이를 통한 참여를 유도하면서도 개인의 감정을 자유롭게 표현할 수 있도록 돕는다. 피해 학생들은 자신이 만든 모델을 통해 감정을 나타내고, 이를 또래와 공유하면서 서서히 신뢰를 회복하는 기회를 가질 수 있다.

　연구에 따르면, 협력적 놀이 활동은 사회적 기술을 발달시키고 대인관계 불안을 완화하는 데 긍정적인 영향을 미친다. 특히, 레고와 같은 조립 활동은 집중력을 높이고 창의적인 표현을 유도하는 동시에, 자연스럽게 협업을 경험할 수 있도록 한다. 이러한 과정에서 피해 학생들은 언어적 소통이 부담스럽지 않은 상황에서 서로 협력하며 신뢰를 쌓아갈 수 있다. 또한, 레고를 활용한 활동은 단순한 감정 표현을 넘어, 공동 목표를 설정하고 이를 해결하는 과정을 통해 사회적 유대감을 형성하는 기회를 제공한다.

　레고 그룹 활동이 관계 회복에 효과적인 이유는 자연스러운 참여를 유도하는 환경을 제공하기 때문이다. 피해 학생들은 말로 자신의 감정을 표현하는 것이 어려운 경우가 많지만, 레고 블록을 이용해 자신만의 방식으로 감정을 나타낼 수 있다. 또한, 혼자서 구조물을 만들던 학생이 점차 다른 친구들의 작품과 연결하며 협력하는 경험을 쌓아가는 과정은 사회적 관계를 회복하는 데 중요한 역할을 한다. 이러한 활동은 피해자가 자신을 표현하는 것에 대한 두려움을 줄이고, 타인의 의견을 존중하며 소통하는 능력을 기르는 데 도움을 준다.

결과적으로, 레고 그룹 활동은 학교폭력 피해자가 사회적 기술을 익히고 신뢰를 회복하는 데 중요한 역할을 한다. 또래들과 함께 무언가를 만들어 가는 과정에서 관계 형성의 긍정적인 경험을 쌓을 수 있으며, 점진적으로 소속감을 회복하고 대인관계에서의 불안을 줄이며, 궁극적으로 새로운 관계를 맺을 수 있는 자신감을 가지게 된다.

신뢰 회복과 소통을 위한 단계적 접근

레고를 활용한 그룹 활동은 피해자가 관계 형성을 부담 없이 경험할 수 있도록 단계적으로 구성하는 것이 중요하다. 학교폭력 피해 학생들은 갑작스럽게 또래와 상호작용하는 것에 부담을 느끼는 경우가 많으며, 기존의 부정적인 경험 때문에 대인관계에서 위축되거나 불안감을 가질 수 있다. 따라서 즉각적인 상호작용을 요구하는 활동보다는, 점진적으로 관계를 형성할 수 있도록 돕는 접근 방식이 효과적이다.

1단계: 개별 작업 - 레고로 표현하는 내 감정

첫 번째 단계에서는 학생들이 자신의 감정을 표현할 수 있도록 개별 작업을 진행한다. 피해 학생들은 언어적 표현에 어려움을 겪거나 타인의 반응에 예민하게 반응하는 경우가 많기 때문에, 개인 작업을 통해 편안한 환경에서 자신의 생각과 감정을 자유롭게 나타낼 수 있도록 돕는 것이 필요하다. 이 과정에서 학생들은 레고를 이용해 자신만의 모델을 만들면서 감정을 시각적으로 형상화하고, 이를 통해 자신의 감정을 탐색하고 이해하는 기회를 갖게 된다.

2단계: 그룹 활동 - 다리를 놓고 마음을 잇다

두 번째 단계에서는 점진적으로 그룹 활동으로 확장하며, 자연스럽게 협력하는 경험을 제공한다. 단순히 공동 작업을 강요하기보다는, 개별적으로 만든 구조물을 연결하는 방식으로 협력을 유도하는 것이 효과적이다. 예를 들어, 학생들이 각각 만든 구조물을 하나의 마을이나 도시로 조립하는 활동을 통해, 자연스럽게 다른 학생들과 의견을 주고받는 기회를 가질 수 있다. 이를 통해 피해 학생들은 타인의 의견을 듣고 자신의 생각을 공유하는 경험을 하면서, 점차 관계 형성에 대한 두려움을 극복할 수 있다.

3단계: 협력 경험 - 소통하며 쌓아가는 믿음

세 번째 단계에서는 공동 목표를 설정하고 이를 협력하여 완성하는 활동을 진행한다. 또래들과 정할 수 있는 어렵지 않은 공동의 목표를 세운 뒤 함께 모델을 만드는 활동에서 피해자는 자신의 의견을 표현하는 법을 배우고, 타인의 의견을 존중하는 태도를 익힐 수 있다. 이 과정에서 자연스럽게 긍정적인 피드백을 주고받으며, 자신감과 관계에 대한 신뢰를 회복하는 계기가 마련된다.

또한, 협력 과정에서 역할을 나누고 서로의 강점을 발견하는 경험을 하면서, 피해 학생들은 자신이 팀에 기여할 수 있다는 소속감을 느끼게 된다. 단순한 놀이가 아니라, 협력을 통한 성취 경험이 반복되면서 또래 관계 속에서 안정감을 찾고, 상호작용에 대한 불안감을 점차 극복할 수 있다. 이러한 경험은 학교생활뿐만 아니라 이후의 사회적 관계에서도 긍정적인 영향을 미칠 수 있다.

결과적으로, 레고 그룹 활동은 피해자가 사회적 소속감을 되찾고, 타인과의 긍정적인 관계를 형성할 수 있도록 돕는 중요한 과정이 된다. 점진적인 접근 방식을 통해 피해 학생들이 심리적 부담 없이 관계를 형성하고, 상호작용을 연습할 수 있도록 돕는 것이 핵심이다. 이러한 경험은 피해자가 학교폭력의 부정적인 영향을 극복하고, 다시 건강한 또래 관계를 형성하여 사회적 소속감을 회복할 수 있는 중요한 발판이 될 수 있다.

❹ 불안과 두려움을 다루는 브릭 활동

 모든 사람들은 살아가는 동안 때때로 불안과 두려움을 느낀다. 그것은 자연스러운 것이며, 삶을 성장시키는 작은 발판이 되기도 한다. 하지만 학교폭력 피해 학생들이 경험하는 불안과 두려움은 단순한 스트레스를 넘어선다. 그것은 만성적이고 뿌리 깊이 내린 감정으로, 일상적 선택과 관계 형성 등 모든 영역에 영향을 미쳐 삶을 송두리째 흔든다. 따라서 일반적 경우와 달리 새로운 방식의 접근이 필요하다. 그러려면 먼저 학교폭력으로 인한 불안과 두려움의 특징을 알아야 한다.

1. 학교폭력으로 인한 불안의 특징

1) 만성적 과각성 상태 (Hypervigilance)

 주변의 작은 변화에도 항상 긴장하는 것이다. 교실 문이 열릴 때마다 움찔하거나, 복도를 걸을 때도 주변을 계속 살피는 등 항상 경계를 늦추지 못한다. 실제로 내가 만났던 중학생도 이런 피로도 때문에 등교를 거부하거나 무단조퇴를 반복하는 상황이었다. 코칭세션을 진행하는 동안에도, 작은 변화나 제스처에 민감하게 반응 하는 경향을 보였다.

2) 안전한 공간의 부재 (Lack of safe space)

 집이나 학교, 어디에서도 보호받지 못한다고 느낀다. 그래서 가능한 외부활동을 피하려고 하거나, 새로운 환경과 새로운 사람에 대한 적응이 어렵다.

3) 대인관계에서의 극단적 반응 (Extreme Reactions in Social Relationships)

 일상적 상황에서도 지나치게 위축되거나, 반대로 자신을 보호하려 과하게 공격적 행동을 한다. 친구들이 평범하게 주고받는 장난에도

"지금 나를 무시하는 건가?"라는 과민반응으로 충동적인 말이나 행동을 표출게 된다. 한번은 코칭 받는 학생이 너무 늦게 오는 바람에, 헛걸음을 할 뻔 했었다. 갑작스런 교내봉사 일정으로 하교가 늦어진 것이다. 자세히 알고보니, 학생은 그날 징계위원회에서 내려진 교내봉사 명령을 받았고 원인은 극단적반응으로 인한 또래 간 충돌 사건이었다.

4) 자기 정체성과 자존감의 붕괴 (Identity and Self-Esteem Collapse)

반복되는 괴롭힘, 신체적 정서적 상처로 인해 "나는 가치 없는 존재인가?"라는 생각으로 깊이 자리잡게 된다. 그리고 "나는 항상 피해자일 수밖에 없어.", "지금까지 이렇게 살아왔는데, 나는 행복할 수 없어."라고 한정 지으며 자신을 고립시킨다.

학교폭력 피해 학생들의 불안과 두려움을 다루려면 신체적 안정감과 양질의 관계 경험 제공뿐만 아니라, 대체 경험이 중요하다. 다음 내용에서는 브릭 활동이 어떻게 이들에게 위로가 되는 대체 경험이 되는지 소개한다.

2. 브릭으로 여는 마음의 문

학교폭력을 경험한 학생들은 종종 두려움과 불안 속에 머물며 마음을 닫아두곤 한다. 이들이 자신을 깊이 이해하고, 서서히 마음의 문을 열어 회복의 길로 나아갈 수 있도록 세 가지 브릭 활동을 추천한다. 학생들 스스로 마음의 문고리를 돌릴 용기와 힘을 얻는 작은 계기가 되길 바라며.

1) 보통의 아이로 대하기

"요즘 관심 있는 것, 재밌게 생각하는 건 어떤 거니?" 첫 질문은 가볍게 물었다. 사춘기 진혁(가명, 14세)이는 최근 미용에 관심이 많다며 블록으로 헤어숍을 표현했다. "이 미용사가 지금은 엄청 초보인데, 여기서 2배로 발전한다면 어떤 모습일까?" 이어진 질문에 진혁이는 몇 개의 블록을 더 추가했다. 그리고 5배, 10배로 점점 더 확장된 블록 구조물을 만들었다. 그냥 떠오르는 대로 가볍게 만들며 드라마 작가가 된 듯 수다를 떨었다. 마지막 완성된 레고모델 속에는 세계적으로 성공한 헤어디자이너가 있었다. 그리고 헤어숍 밖에 줄줄이 대기하고 있는 할리우드의 배우들이 있었다. 진혁이는 '이게 말이 될까?' 하는 표정이었지만, 어이없음이 섞인 호탕한 웃음 속에서 편안함이 느껴졌다. 우리는 한참을 웃으며 헤어디자이너의 인터뷰 쇼까지 마쳤다.

첫 세션을 마무리할 때 즈음, 진혁이는 나에게 이렇게 말했다. "선생님, 저에게 아무것도 묻지 않으시고 그냥 저를 보통 아이들처럼 대해주셔서 좋았어요." 마음이 뭉클했다. 과거를 묻지 않고 그저 평범하게 대해주는 것만으로도 누군가에게 따뜻한 위로가 될 수 있다는 사실이, 깊이 가슴에 와닿았다.

그림. 진혁이가 상상해서 만든 레고 모델 중- 할리우드 배우들의 워너비 헤어디자이너

학교폭력 피해자라고 해서 지난 상처를 먼저 건드릴 필요는 없다. 또래 아이들처럼 성적이나 외모를 고민하고, 이성 친구와의 썸에 설레는 평범한 일상을 존중하는 것에도 힘이 있다. 과거가 아닌 현재를 바라보며, 피

해자가 아닌 한 명의 보통 아이로 대하는 것. 그런 다정한 시선이 회복의 근사한 첫 단추가 된다.

2) 새로운 스토리 만들기

정신과 의사 고든 리빙스턴(Gordon Livingston)은 "우리 삶의 스토리는 끊임없이 변경된다"고 말했다. 나는 학교폭력 피해 학생들을 만날 때 이 말을 건네며 조용한 도전을 제안한다.

"네가 경험의 주인이지, 경험이 너의 주인은 아니야."

시간은 단순히 앞뒤로 흐르는 것이 아니라, 과거와 현재, 미래가 동시에 공존한다. 지금의 상태가 과거의 기억을 다시 쓰고, 다가올 미래를 만들어간다. 현재 내가 안전하고 건강한 환경에 있다면 과거의 스토리는 한층 밝아 지겠지만, 불안 속에 머물면 과거의 기억조차 더욱 어둡게 느껴진다. 그렇기에 "경험의 주인"인 학생들에게는 긍정적인 분위기, 믿을 수 있는 사람, 그리고 안전한 공간이 절대적으로 필요하다. 그리고 레고치유코칭이 바로 그런 환경이 된다.

학생들의 밝은 앞날을 위해, 더 나은 과거의 스토리가 필요하다. 그리고 그 과거를 새롭게 해석하는 과정에서 가장 중요한 것은 감정이다. 특히 불안과 두려움 같은 감정은 머릿속에서 쉽게 증폭되는데, 이 때 블록을 활용하면 그것을 눈에 보이는 형태로 표현할 수 있다. 감정을 내면에 가둬두는 대신, 밖으로 꺼내어 마주 하는 것이다. 그러면 한 걸음 떨어져 객관적으로 바라볼 수 있고, 감정과 거리 두기가 가능해져, 스토리를 다시 쓰는 힘이 생긴다.

"그때 네가 느꼈던 감정은 어떤 것이었을까? 편하게 표현해볼래?"

학생들은 블록의 색깔과 모양, 구조물을 통해 감정을 조심스럽게 꺼내놓는다. 이 과정에서 감정 단어가 적힌 포스트잇이나 스티커를 함께 제공하면 더 깊이 있는 표현을 도울 수 있다.

한 중학생과 한 달 동안 레고치유코칭을 진행한 적이 있다. 어느 날, 갑자기 멈춰 선 학생이 자신이 만든 블록을 가만히 바라보다가 말했다.

"선생님, 그런데요. 이게 다 나쁘기만 한 건 아니었네요.
이런 일도, 이런 감정들도… 나름대로 필요는 있었어요.
세상에 좋기만 한 것도, 나쁘기만 한 것도 없잖아요."

그 일을 겪어낸 자신이야말로 인생을 배우고 있는 중이라고, 담담하게 말을 이어갔다. 그 순간, 학생은 아팠던 과거를 새로운 시선으로 바라보고 있었다. 삶을 재해석하며, 스스로에게 새로운 스토리를 입히는 역사적인 순간이었다

3) 또래 상담자 경험하기

우리는 종종 남의 문제는 쉽게 보이지만, 정작 자신의 문제는 복잡하게 느껴진다는 걸 경험적으로 알고 있다. 이는 '심리적 거리(Psychological Distance) 효과' 때문인데, 자신의 문제는 너무 가까이서 들여다보느라 감정적으로 얽히고 혼란스럽게 느껴지는 반면, 타인의 문제는 한 걸음 떨어져 바라볼 수 있어 더 객관적으로 보이기 때문이다.

이러한 이유로 학교폭력 피해 학생들에게 '또래 상담자' 역할을 경험해보는 활동이 큰 도움이 된다. 자신이 아닌 다른 누군가의 입장에서 문제를 바라보는 것, 즉 역할 전환(Role Reversal)을 경험할

때 가장 눈에 띄는 변화는 학생이 던지는 질문에서 나타난다. 처음엔 자신의 문제로 고민할 때처럼 "방법이 있을까? 어떻게 해야 하지?"라고 막연하게 묻던 학생이, 또래 상담자의 입장이 되면 "그냥 이렇게 하면 되지 않을까?"라며 훨씬 단순하고 명확하게 답하기 시작한다. 한 발짝 떨어져 객관적인 시선으로 문제를 바라보면서, 해결의 실마리를 스스로 찾아가는 것이다.

이 활동은 이렇게 시작된다.

"너와 정말 비슷한 경험을 한 친구가 있어. 그때의 상황과 그 친구의 모습을 블록으로 표현해볼래?"
학생이 블록을 쌓아가며 감정을 표현한 후, 이제 역할이 바뀐다.
"자, 이제부터 너는 이 친구를 상담해주는 또래 상담자가 될 거야. 너는 상담 경험이 많고, 지혜롭고 따뜻한 사람이야."

상담자의 입장에서 친구의 상황을 들여다보고, 깊은 감정 하나하나를 읽어주도록 한다. 그리고 조심스레 질문을 던진다.
"지금 네가 이 친구에게 정말 해주고 싶은 말은 뭐야?"
"이 친구가 가장 듣고 싶어 하는 말은 뭘까?"
"지금 친구에게 가장 필요한 건 뭐라고 생각해?"

학생은 블록을 쌓아가며 이 질문들에 답해 나간다. 그런데 어느 순간, 그 답이 '자신의 마음'에서 나오고 있음을 깨닫게 된다. 스스로에게 꼭 필요한 위로와 통찰을 발견하는 순간이다.

추가로 추천하는 활동은 '미래 만들어 보기'다.
"또래 상담을 받은 후, 한결 나아진 이 친구의 10년 후는 어떤 모습일까? 그 친구가 최고로 빛나는 순간을 블록으로 만들어 보자."

학생은 상상의 날개를 펼치고 블록을 쌓으며 미래도 쌓는다. 텅 비어 있던 마음에 희망이 소복소복 쌓인다. 그리고 마침내 깨닫는다. "이 불안과 두려움이 내 전부는 아니었구나."

[세션을 마무리하는 자각 질문 예시]

친구를 돕는 입장에서 너의 감정이나 생각은 어떻게 달라졌는지 나눠줄래?
네가 상담자로서 했던 말들 중, 사실 너에게도 도움이 되는 것이 있었다면 어떤거니?
이번 또래 상담자 역할을 하면서 너에게 어떤 힘이 느껴졌니?
앞으로도 불안하거나 마음이 힘들어 질 때, 너 자신에게 어떤 응원을 해주고 싶어?
오늘 블록활동 하면서 실제로 나에게 적용하고 싶다고 생각한 방법은 어떤거야?
오늘의 활동 전과 후로 너도 모르게 좀 더 편안해 진 부분이 있다면 어떤 걸까?

3. 브릭 활동을 통한 불안의 회복과정

학교폭력을 경험한 학생들은 블록 활동을 하면서 서서히 회복의 과정을 경험한다. 먼저 블록을 조립하는 감각적 활용으로 과각성 상태를 완화한다. 그리고 차츰 자신의 감정을 표현하고, 지나간 일들에 대한 새로운 스토리를 입히며 자기주도적 변화를 경험한다. 이렇게 쌓인 경험들은 통제할 수 없음에 대한 두려움을 건강하게 직면하도록 돕고, 나 자신과 경험을 분리시킬 수 있는 내면의 힘을 키운다. 결국 끝없을 것 같던 불안과 두려움이 전부가 아니라는 점을 알아차리는 것이다. 이런 회복의 과정에서 정말 중요한 것은 '어떻게 극복해야 하는가' 보다, '어떤 경험을 새롭게 쌓을 것인가'이다. 하나하나 블록을 쌓듯, 단계적으로 회복을 경험하는 과정이 필요한 것이다.

❺ 자존감과 정체성을 키우는 브릭활동

1. 건강한 자존감 회복을 위한 심리학적 원리

자존감은 자신을 가치 있는 존재로 인식하는 능력이며, 어려움을 겪더라도 스스로를 긍정적으로 바라볼 수 있도록 하는 힘이다. 타인의 평가에 쉽게 흔들리지 않고, 자신의 기준을 세우는 과정에서 중요한 역할을 한다. 그런데 학교폭력을 경험한 학생들은 외부로부터 부정적인 피드백을 지속적으로 받아 자신의 가치를 낮게 평가하는 경향이 있다. 따라서 이들의 치유를 위해 자존감 회복과정이 반드시 필요하다.

자존감 회복을 성장의 관점에서 본다면, 심리학자 에드워드 데시(Edward Deci)와 리처드 라이언(Richard Ryan)이 제안한 자기결정이론(Self-Determination Theory, SDT)에 따라 방법을 안내 할 수 있다. 이론에 따르면 인간은 자율적으로 동기를 형성하고 유지하는데, 내적동기와 성장을 일으키기 위해 3가지 기본 심리욕구가 충족되어야 한다고 설명한다.

첫째는 자율성(Autonomy)이다. 자신의 선택이 존중받을 때 갖는 느낌이다. 브릭 활동은 학생이 자신의 속도와 방식대로 블록을 조립하며 마음껏 표현하는 과정에서 자율성을 경험하게 한다. 코치는 활동을 강요하지 않고 학생 스스로 선택하도록 격려하며, 이를 통해 자신이 주도권을 가진다는 감각을 느끼도록 한다.

둘째는 유능감(Competence)이다. 자신이 어떤 일을 잘 해낼 수 있다는 믿음과 능력을 의미한다. 레고치유코칭에서 학생은 직접 블록을 조립하고 구조물을 완성하면서 성취감을 느낄 수 있고 이 과정에서 유능감을 느낀다. "나는 할 수 있어!"라는 감각이 충족되면서 학생은 자신의 강점을 발견하고, 작은 목표들을 달성하며 자신에 대한 신뢰를 형성한다.

 세 번째는 관계성(Relatedness)이다. 다른 사람과 연결되고 소속감을 느끼려는 욕구이다. 레고치유코칭은 브릭 활동 자체에도 많은 의미가 있지만, 관계성 측면에서는 코치와의 관계가 더 중요하다. 코칭이 진행되는 동안 학생은 코치와 신뢰를 쌓고 정서적 안정감, 긍정적인 상호작용을 경험하게 되는데, 이 과정에서 관계성이 강화되어 건강한 대인관계로 확장을 돕는다.

2. 안정된 정체성을 만드는 관계의 힘

 정체성은 "나는 누구인가?"라는 질문에 대한 답을 찾아가는 과정이다. 자신이 중요하게 생각하는 가치와 목표, 특성을 인식하고 확립하는 것이 정체성 형성의 핵심이다. 안정적인 정체성을 가질수록 삶의 방향성이 명확해지고 심리적 안정감이 커지기 때문에 정체성의 회복 역시 학교폭력 경험자들에게 중요한 과정이다. 그런데 학교폭력 경험자들의 정체성 회복은 일반 청소년, 아동학대 피해자들과는 다른 특징을 가지고 있기에 그 차이를 이해할 필요가 있다.

 일반 청소년들은 심리적 성장과정에서 자기탐색의 혼란을 겪지만, 직접적인 트라우마로 인해 정체성이 왜곡되지는 않는다. 아동학대, 가정폭력의 피해자들은 주 양육자에게 상처를 받기 때문에 애착의 문제가 생기고 사람과 세상에 대한 근본적 신뢰감 문제로 이어질 수 있다. 반면 학교폭력 경험자들은 주로 친구나 선후배 등 또래에게 상처를 받기 때문에 사회적 관계 속에서 부정적 정체성이 형성될 가능성이 크다. 이처럼 상처의 근원과 대상이 다르기 때문에 관계와 정체성 회복에도 차이가 존재한다. 학교폭력 경험 학생들은 또래 집단 내에서의 인정과 소속감을 되찾는 것이 핵심이다. 즉 사회적 정체성 회복이 중요한 역할을 한다는 것이다.

 심리학자 헨리 타지펠(Henri Tajfel)이 제안한 사회적 정체성이론(Social Identity Theory)에 따르면, 개인의 정체성은 단순히 개인적인 특성이 아니라, 자신이 속한 집단과의 관계 속에서 형성된다. 또래 집단에서 배척된 존재'라고 느꼈던 학생들이 소속감을 가질 수 있는 새로운 관계를 형성하고, 그 속에서 긍정적인 역할을 경험하도록 해야 한다. 브릭 활동은 이러한 과정을 자연스럽게 유도하며, 학생들이 사회적 관계 속에서 자신을 탐색하고, 건강한 관계를 형성할 안전한 기회를 제공한다.

3. 자존감과 정체성을 키우는 브릭 활동

 학교폭력 피해 학생들의 회복을 돕는 브릭 활동은, 먼저 자존감을 다지고, 이후 사회적 관계 속에서의 정체성을 탐색하는 순서로 구성했다. 자존감은 정체성 탐색의 기초가 된다. '나는 누구인가?'를 고민하기 전에, '나는 괜찮은 존재다'라는 감각을 먼저 가져야 한다. 자존감이 없으면 사회적 정체성을 고민할 때 외부 평가에 더 의존할 가능성이 크다. 또한, 학교폭력이라는 부정적 경험은 자아 형성에 부정적 영향을 주기 때문에, 먼저 자신의 강점과 긍정적인 면을 찾는 것이 중요하다. '나는 이런 부분이 괜찮아'라고 인정하고 '그러니까 이런 모습으로 관계를 맺고 싶어'라는 사회적 관계 탐색으로 흘러가는 것이 회복에 더 효과적이며 자연스럽다.

1) 컨셉은 "정체성의 섬(Identity Islands)"

 학교폭력을 위한 레고치유코칭을 연구하면서 내 머릿속에 떠오른 영화가 한 편 있다. 바로, 인사이드 아웃(Inside Out)이란 애니메이션이다. 학생들 사이에 아주 인기가 많았는데, 얼마 전 개봉한 시리즈2는 2024년 최고의 흥행작으로 불릴 만큼 엄청난 누적 관객 수를 돌파했다. 이 영화는 인간의 감정을 의인화(기쁨이, 슬픔이, 버럭이, 까칠이, 소심이, 불안이 등)하여 마음속에서 벌어지는 이야기를 다루는 스토리다. 주인공인 "라일리"가 다양한 감정을 건강하게 받아들이며 청소년기의 변화와 성장을 이루는 과정을 따뜻하게 담아냈다. 특히 다 망가져 버린 것 같았지만 결국 모든 걸 회복할 수 있다는 메시지가 뭉클하게 와 닿았다. "회복이 필요한 학생들도 자신의 마음 속 보이지 않는 "생각(섬, Island)"들을 눈으로 보고 만질 수 있도록 표현해 보면 어떨까?" 이 생각을 처음 떠올렸을 때, 가슴이 두근두근 했다. 부디 이 과정이 학생들에게 치유의 선물이 되어, 지나간 상처를 안아주고 새로운 나를 반겨 줄 수 있는 안온한 공간이 되길 기도한다.

2) 브릭 활동 사전 안내

이 활동은 "정체성의 섬"이란 컨셉에 어울리도록 각 단계를 "탐험"이라고 부른다. 탐험의 큰 흐름은 개인 탐색에서 관계 탐색으로 이어진다. 탐험1은 "개인의 자존감", 탐험2는 "개인의 정체성"을 다룬다. 탐험3은 "사회적 정체성"을 다루고, 마지막 탐험4에서 "미래의 나"를 그리며 폭넓은 관계를 다룬다. 모든 단계를 이어서 완성하는 것이 가장 좋지만, 경우에 따라 세션별로 4개의 탐험을 나누어 진행해도 괜찮다. 활동 대상이 사회적 정체성이 중요한 청소년 학생들이기 때문에, 가능한 탐험 3단계까지는 꼭 다뤄보길 권한다.

3) 진행 시 주의할 점

학생들이 상처를 극복하며 자신을 탐색하는 과정이므로, 안전한 환경을 조성하고 감정을 존중하는 것이 중요하다. "어떤 말을 해도 괜찮아"같은 개방적 피드백을 제공하며 편안한 분위기를 만들도록 한다. 또 학생의 표현 평가, 정답 요구, 활동 강요와 같은 일이 없도록 유의한다. 특별히 예상치 못한 순간 감정이 터질 수 있으니, 즉시 해결하기보다 말없이 기다리며 인정해 주어야 한다.

자신을 깊이 탐험하도록 돕는 과정이지만 트라우마를 자극하지 않도록 조심한다. 학생이 힘들어 할 경우 활동 전환 선택권을 주도록 하고, 지나간 일들을 나눌 때에라도 현재와 미래의 관점에서 스토리를 재해석하는 것에 초점을 맞춘다.

4) "정체성의 섬(Identity Islands)" 탐험 방법

탐험 1단계 (Foundation) : 자존감 트리 세우기

1단계는 자신이 가진 긍정적 경험, 느낌, 강점들을 탐색하며 건강한 자존감을 형성하는 것이 목적이다. 학생이 자기 부정적인 말을 할 경우, 공감한 후 긍정적인 시각을 제시하고, 강점을 찾기 어려워하면 코치가 먼저 제안할 수도 있다. 전체 흐름 속에서, 학생이 자신의 긍정적 요소를 직접 인식하여 건강한 자존감이 강화될 수 있도록 돕는다.

- 자존감 트리 세우는 순서
  ① 학생이 자신을 표현하는 블록을 몇 개 고르고 플레이트 가운데 쌓는다.

- coaching question :
"이 블록은 네가 어떤 사람이라는 의미일까?"

  ② 자신을 지탱해 온 행복한 순간들도 블록으로 골라 ①번 위에 기둥처럼 쌓는다.

- coaching question :
"살아오면서 너를 지탱해 준 순간들을 표현해볼까?", "어떤 경험들이었니?"

③ 학생 스스로 생각하는 좋은 점(성격, 취미, 강점 등)을 기둥에 연결된 가지로 확장시킨다.

- coaching question :
"이 가지는 너의 어떤 장점을 표현한 걸까?"

④ 가지에 잎이나 꽃, 열매를 달거나 뿌리를 깊이 내리고 기둥이 굵어지는 등 다양한 블록으로 자존감 트리를 더 풍성하게 꾸민다.

- coaching question :
"이 트리가 바라는 대로 자라는 자존감 나무라면, 어떤 모습이 되면 좋겠니?"

⑤ 완성된 자존감 트리를 보며, 느낌을 나눈다.

탐험 2단계 (Expansion) : 경험의 섬 만들기

2단계는 개인의 정체성을 다루는 작업이다. "자존감트리" 주변으로 섬을 만드는데, 학생이 경험한 어떠한 경험도 섬이 될 수 있다. 인생에서 기억나는 중요한 경험들을 자유롭게 만들되, 학생이 비록 부정적 경험의 섬을 만들 때에는 수용하며 그 경험들도 자기정체성의 구성요소임을 이해하도록 돕는다. 다만, 활동의 목표가 정체성 회복이기 때문에 부정적 경험이 갖는 긍정적인 면도 생각하도록 한다. 코치는 학생이 경험의 섬을 만드는 동안, 아주 작은 성취라도 자신이 빛났던 순간들을 많이 떠올리도록 격려한다.

- 경험의 섬 만드는 순서
  ① 블록을 자유롭게 골라서 자존감 트리 주변으로 경험의 섬을 하나씩 만든다.
  ② 각 섬을 만들고 나면 이야기를 나누며 이름도 붙인다.

- coaching question :

"이건 어떤 섬이니?"

"너에게 어떤 의미가 있는 경험일까?"

"이 섬을 보면 어떤 기분이 떠오르니?"

예시1) "이건 작년에 친구와 있었던 일인데, 그때 내 기분은

...나에게 중요한 건 친구 관계야." → 섬의 이름 : '우정의 섬'

예시2) "이 섬은 처음 몽골에 갔을 때야. 기억 나는 건

...나는 낯선 장소로 여행가길 좋아해." → 섬의 이름 : '호기심의 섬'

③ 플레이트 위의 트리와 섬들을 보며 소감을 나눈다.

- coaching question :

"이 경험의 섬들이 말을 한다면, 너를 어떤 사람이라고 할까?"

그림. 스타스토리로 만든 레고모델 - 리더십의 섬

탐험 3단계 (Connection) : 다리 연결하기

 3단계는 사회적 정체성을 다루는 작업이다. 탐험1에서 만든 자존감트리와 탐험2의 경험의섬들을 연결하며 사회속에서 자신을 탐색해 보는 것이다. 코치는 학생이 섬과섬, 섬과트리를 스스로 연결해 보며 의미를 탐색하도록 돕는다. 다리를 하나씩 놓는 과정에서 느낌의 변화를 이야기 나누도록 질문하고 자신에 대한 이해가 깊어지도록 격려한다.

 이때 또 하나의 핵심은 나와 나의 경험을 분리하는 작업이다. '나'를 나타내는 블록들과, '내가 겪은 일'을 나타내는 블록을 어떻게 연결하느냐에 따라 경험의 분리가 달라진다. 코치는 학생에게 질문하며 경험과 나 자신을 건강하게 분리하여 조망하도록 도와야 한다.

- 다리 연결하는 순서
  ① 여러 섬들 중, 서로 연결하고 싶은 섬들 사이에 다리를 만든다.

> - coaching question :
> "이 섬들을 서로 어떤 관계일까?", "다리를 이렇게 표현한 이유는 뭘까?"
> "이 다리를 건너는 과정에서 네가 얻을 수 있는 것은 무엇일까?"
> "이 섬을 긍정적인 경험으로 연결하려면, 어떤 다리가 필요할까?"
> "많은 경험의 섬들 중 너 자신으로 연결하고 싶은 것과 아닌 것들을 나눠본다면?"

  ② 경험의 섬들 중 자존감 트리와 연결하고 싶은 것이 있다면 그 사이에도 다리를 놓는다.

> - coaching question :
> "이 섬과 나무는 서로에게 어떤 영향을 주고 받았을까?"

  ③ 연결이 마무리되면, 지금까지의 내용을 한편의 스토리로 말해본다.

④ 연결 활동 후 알아차림을 가볍게 나눈다.

탐험 4단계 (Vision) : 미래의 나 만들기

4단계에서는 현재의 정체성을 기반으로 더 건강한 "미래의 나"를 만든다. 미래의 자신이 어떤 모습이 되고 싶은지, 이를 위해 어떤 정체성을 더 키워나갈 것인지 탐색하는 활동이다. 코치는 학생이 자신의 변화 가능성을 인식하고, 긍정적인 방향으로 선택하도록 돕는다. 특히 신뢰관계 구축활동을 구체적으로 할 수 있도록 격려해야 한다. 학생 자신에게 힘이 될 관계나 환경을 스스로 찾아보며, 시각적으로 표현하는 것이다. 이 활동은 학생에게 직, 간접적으로 신뢰를 형성하는 경험하게 한다. 만약 현재에 신뢰할 수 있는 사람이 떠오르지 않는 경우, 이상적인 관계를 상상 해보거나 관계를 만들 수 있는 아이디어를 찾는 것도 좋다.

- 미래의 나 만드는 순서
  ① 되고 싶은 미래의 내 모습을 상상하며 필요한 섬과 다리들을 추가한다.

> - coaching question :
> "미래의 내가 되려면 어떤 경험의 섬이 있는 것이 좋을까?"
> "내 정체성의 섬이 더 성장하려면 어떤 다리가 필요할까?"

  ② 추가한 구조물과 각 연결 관계가 어떤 의미인지 탐색하도록 한다.
  ③ 변화의 과정에서 나에게 힘이 될 수 있는(or필요한) 사람과 공간을 만들고 연결한다.

- coaching question :
"어떤 사람(or환경)이 곁에 있으면 내가 더 안정감을 느낄까?"
"주변에 너를 지지해 줄 수 있는 사람으로 누가 떠오르니?"
"지금 떠오르지 않아도 괜찮아. 어떤 사람이면 네가 신뢰를 느낄지 상상해 볼까?"
"이 사람을 무언가와 연결한다면, 어디에 있는게 좋겠어?"

④ 미래의 내가 보는 "정체성의 섬" 전체 모습에 대해 생각을 나눈다.

- coaching question :
"이렇게 블럭을 다 완성하고 나니 어떤 느낌이 들어?"
"미래의 내가 지금의 나에게 뭔가 응원의 말을 한다면, 어떤 얘기를 해줄까?"
"이 탐험에서 얻은 것을 어떻게 활용하고 싶어?"

3. 탐험을 마무리하며

이 탐험은 단순히 블록을 쌓고 연결하는 과정 그 이상이다. 스스로 탐색하고, 자신의 가치를 발견하며, 앞으로 나아갈 힘을 키우는 따뜻한 여정이다. 부디 이 치유의 여정이 학생에게 과거의 상처가 반드시 현재를 결정짓는 것은 아니며, 언제나 새로운 길을 만들 수 있다는 경험이 되길 바란다. 학생들의 회복에 소중한 시작점이 되도록 마무리 활동과 사례를 덧붙인다.

1) 마무리 활동 추천
- 탐험을 되돌아보기 (Reflection)
  ① 전체 활동 과정을 회고하며 이야기 나누고, 남기고 싶은 장면을 사진 찍는다.

- coaching question :
"이 탐험을 하면서 가장 기억에 남는 순간은 언제였어?"
"자신에 대해 새롭게 알게 된 점은 어떤 거니?"

- 자신만의 메시지 남기기 (Personal Affirmation)
  ① 기록은 레고치유코칭이 끝난 후에도 학생에게 힘을 주는 장치와 환경이 될 수 있다.
  ② 편지에 기록하거나 휴대폰에 메모, 음성 녹음 등 학생이 원하는 방법으로 한다.

- coaching question :
"지금 이순간, 너에게 남기고 싶은 메시지가 있다면 어떤 거니?"
"이 탐험을 하며 알게 된 것 중, 앞으로도 기억하고 싶은 내용은 뭐니?"
"미래의 너에게 응원의 편지를 쓴다면 어떤 메시지를 보내고 싶어?"

2) 적용 사례

내가 만난 레고치유코칭 고객 중, 어떤 칭찬과 인정도 받아들이지 않는 학생이 있었다. "아유~ 아니에요. 그건 그냥 선생님이 저를 잘 모르셔서 좋게 얘기하시는 거죠." 늘 이렇게 말하곤 했다. 자존감이 낮아 누군가의 칭찬이 낯선 지석(가명, 13세)였다. 등교는 겨우 하고 있었지만, 불편한 교실 분위기와 친구들로 인해 무단조퇴와 결석을 반복하고, 유급을 앞둔 상황이었다. 그런 지석이와의 레고치유코칭은 쉽지 않았다. 아무것도 조립하고 싶지 않다며 레고 자체를 거부하기도 했다. 그런 날은 편하게 이야기를 듣거나, 다른 도구를 쓰며 기다렸다.

어느 날, 스타 스토리를 만들며 지석이의 강점 찾기 활동을 하게 되었다. 하나하나의 이야기를 근거로 강점 단어들을 모으고, 내용과 어울리는 블록을 골라보도록 제안했다. 몇 개의 블록이 모였을 때 지석이에게 말했다. "지석아, 이 블록들을 모아서 나무 한번 만들어 보면 어때? 어떤 모양의 나무가 될까?" 작은 성공을 이뤄준 지석이의 강점들이 하나러 조립되니 정말 근사한 나무가 되었다. "자존감 트리"였다.

 내 칭찬도 거부하고, 레고도 이제 재미없다며 밀어내던 지석이는 코칭을 마무리하며 처음으로 이런 말을 했다. "선생님, 이건 제가 직접 정한 거라서 그런지 더 확신이 생겨요. 저 좀 괜찮은 사람 같아요." 뜨거운 눈물이 왈칵 올라왔다. 스스로 발견한 모습들이 진심으로 받아들여진 것이다. 이 경험은 지석이에게 단순한 위로가 아닌, 자기 확신으로 이어지는 중요한 순간이었다. 자존감과 정체성을 만들고 탐험하는 일련의 과정은 지석이가 자신에게 주는 최고의 선물이 아니었을까?

 불안과 상처가 꿈을 막을 수는 있지만, 회복하며 다시 꿈꾸는 것은 모두에게 허락된 자유다. 우리는 행복해질 자격이 있고, 지금까지 살아온 방식이 전부가 아님을 알아야 한다. 언제든 달라질 수 있다.

Chapter 4
심리 코칭을 위한 퍼실리테이터 가이드

―

퍼실리테이터가 갖춰야 할 역량
공감과 창의적 대화 기술
레고 코칭 세션의 준비와 실행
개인 맞춤형 치유 활동 설계
피드백과 성장하는 퍼실리테이터
퍼실리테이터의 지속적 성장과 역량 개발

레고치유코칭: 브릭으로 쌓아 올리는 마음 치유

작가 소개

송하영

"삶의 방향을 레고블록처럼 함께 맞춰주는 든든한 라이프코치!"

SERIOUSWORK 인증 LSP Facilitator
한국코치협회 인증 전문코치 (KAC)
(주)더마크월드 LSP Curator
청년 진로 및 라이프 코칭

홍유식

"내면의 소리에 귀 기울이고, 성장의 길을 함께 열어주는 코치"

국제코칭연맹 인증 전문코치 (PCC)
한국코치협회 인증 전문코치 (KPC)
미) 갤럽 인증 강점 코치
NLP 프랙티셔너 트레이너 (ACPK 국제공인)
비폭력대화(NVC) 강사
SERIOUSWORK 인증 LSP Facilitator

레고치유코칭: 브릭으로 쌓아 올리는 마음 치유

김혜영

"삶의 조각들을 치유의 브릭으로 연결하는 링크마스터"

성장코칭 전문기업, (주) 함께오름 대표
온라인심리상담플랫폼 〈마인드카페〉 전문코치
국제코칭연맹 인증 전문코치 (PCC)
한국코치협회 인증 전문코치 (KSC)
한국코치협회 KAC 기관심사위원
SERIOUSWORK 인증 LSP Facilitator
NLP 프랙티셔너
서울과학종합대학원대학교 경영학 박사과정
이화여자대학교 사회복지전공 학/석사

Chapter 4

심리 코칭을 위한 퍼실리테이터 가이드

❶ 퍼실리테이터가 갖춰야 할 역량

퍼실리테이터는 참가자의 감정 표현을 촉진하고 심리적 안정감을 조성하는 핵심적인 역할을 수행한다. 특히 보호아동과 학교폭력 피해자와 같은 심리적 취약 계층을 대상으로 할 경우, 퍼실리테이터의 역량은 더욱 중요해진다. 효과적인 퍼실리데이션을 위해서는 감정적 공감력, 창의적 문제 해결 능력, 그리고 상황 대응 능력이 필수적이다. 본 장에서는 이러한 세 가지 핵심 역량을 논의한다.

감정적 공감력 : 신뢰 형성을 위한 필수 요소

퍼실리테이터는 참가자의 감정을 이해하고 이를 존중하는 자세를 가져야 한다. 보호아동이나 트라우마를 경험한 참가자는 자신의 감정을 표현하는 데 어려움을 겪을 수 있다. 퍼실리테이터는 공감적 경청을 통해 참가자가 감정을 안전하게 표현할 수 있도록 유도해야 한다.

예를 들어, 한 보호아동이 "나는 혼자 있고 싶어요. 친구가 필요하지 않아요"라고 말했을 때, 퍼실리테이터가 "그래도 친구를 사귀는 것이 좋지 않을까요?"라고 반응하면 참가자의 감정을 무시하는 결과를 초래할 수 있다.

대신 "혼자 있고 싶은 이유가 있나요?" 또는 "친구를 사귀는 것이 어려운가요?"와 같은 열린 질문을 통해 참가자의 감정을 탐색하도록 돕는 것이 중요하다. 이러한 접근법은 참가자가 자신의 감정을 명확하게 이해하고 표현하는 데 도움을 줄 수 있다.

비언어적 표현도 중요한 요소다. 눈맞춤, 고개 끄덕이기, 부드러운 목소리 톤과 같은 요소들은 참가자가 심리적 안정감을 느끼는 데 기여한다. 신뢰가 형성되면 참가자는 자신의 감정을 보다 자유롭게 표현할 수 있으며, 치유 과정에서 적극적으로 참여하게 된다.

창의적 문제 해결 능력 : 참가자의 자발적 탐색을 돕는 기술

퍼실리테이터는 참가자가 문제를 해결할 수 있도록 창의적인 접근법을 제시해야 한다. 레고치유코칭에서는 참가자가 모델을 통해 자신의 감정을 간접적으로 표현하는 경우가 많다. 퍼실리테이터는 참가자가 자신의 감정을 스스로 탐색하고 해석할 수 있도록 유도해야 한다.

한 예로, 참가자가 "이 레고 모델은 내가 세운 벽이에요. 아무도 이 안으로 들어올 수 없어요"라고 말했을 때, 퍼실리테이터가 "이 벽을 허물어야 해요"라고 조언하는 것은 적절하지 않다. 대신 "이 벽이 당신을 어떻게 보호하고 있나요?" 또는 "이 벽을 넘을 수 있는 방법이 있을까요?"와 같은 질문을 던짐으로써 참가자가 자신의 문제를 창의적으로 해결할 수 있도록 도와야 한다.

창의적 문제 해결 능력은 참가자가 문제를 새로운 시각에서 바라볼 수 있도록 지원하는 역할을 한다. 퍼실리테이터는 다양한 해석과 가능성을 탐색할 수 있도록 도와야 하며, 참가자가 스스로 해결책을 찾을 수 있도록 유도해야 한다.

상황 대응 능력 : 예기치 않은 상황에서의 유연한 대처

퍼실리테이터는 예기치 않은 상황에서도 신속하고 적절하게 대응할 수 있어야 한다. 감정적으로 민감한 참가자들과의 세션에서는 예상치 못한 반응이 발생할 가능성이 크다. 퍼실리테이터는 이러한 상황에서 참가자의 감정을 존중하면서도 세션이 원활하게 진행될 수 있도록 조정해야 한다.

예를 들어, 한 참가자가 갑자기 감정을 억누르지 못하고 울음을 터뜨릴 경우, 퍼실리테이터는 즉시 세션을 중단하고 참가자가 감정을 충분히 표현할 수 있도록 배려해야 한다. "지금 감정이 북받쳐 오르는 것 같군요. 잠시 쉬어도 괜찮아요"와 같은 말로 참가자를 진정시키는 것이 중요하다. 또한, 다른 참가자들이 이러한 상황을 불편하게 느끼지 않도록 분위기를 조성해야 한다

그룹 활동에서 참가자들 간의 갈등이 발생할 경우, 퍼실리테이터는 즉각적인 중재 역할을 수행해야 한다. 예시로, 한 참가자가 "내 레고 모델을 친구가 망가뜨렸어요. 너무 화가 나요"라고 했을 때, 퍼실리테이터는 "그 모델이 당신에게 어떤 의미였나요?"라고 질문하며 감정을 조율할 수 있도록 도와야 한다. 감정을 억누르는 것이 아니라 건강한 방식으로 표현할 수 있도록 지원하는 것이 핵심이다.

결론적으로 퍼실리테이터는 단순한 조력자가 아니라 참가자의 감정을 조율하고 심리적 안정감을 조성하는 역할을 수행해야 한다. 감정적 공감력을 통해 신뢰를 형성하고, 창의적 문제 해결 능력을 활용하여 참가자가 자신의 감정을 자유롭게 탐색할 수 있도록 돕는 것이 중요하다. 또한, 예기치 않은 상황에서도 유연하게 대응할 수 있는 능력을 갖추어야 한다.

레고치유코칭에서 퍼실리테이터의 역할은 참가자들이 자신의 감정을 안전하게 표현하고 심리적 회복을 경험할 수 있도록 지원하는 것이다. 퍼실리테이터가 이러한 역량을 충분히 갖춘다면, 참가자들은 보다 깊은 자기 이해와 감정적 성장을 경험할 수 있을 것이다.

❷ 공감과 창의적 대화 기술

레고치유코칭에서 퍼실리테이터는 단순한 진행자가 아니라 참여자의 감정을 이끌어내고 심리적 안정감을 조성하는 촉진자이다. 특

히 보호아동과 학교폭력 피해자를 대상으로 한 심리 치유 과정에서는 공감적 경청과 창의적 대화 기술이 필수적이다. 퍼실리테이터는 질문과 비언어적 소통을 통해 참여자가 내면의 감정을 자연스럽게 표현할 수 있도록 유도하고, 대화를 통해 심리적 회복과 자기 성장을 돕는다. 본 장에서는 퍼실리테이터가 효과적으로 활용할 수 있는 핵심 기술을 사례와 함께 구체적으로 설명한다.

공감적 경청: 심리적 안정감을 조성하는 첫걸음

공감적 경청은 퍼실리테이터가 참가자의 감정을 존중하고 이해하는 가장 중요한 기술이다. 이는 상대의 말뿐만 아니라 비언어적 신호를 통해 감정을 수용하는 과정으로, 참가자가 심리적으로 안전하다고 느끼도록 돕는다.

예를 들어, 한 보호아동이 레고로 높은 벽을 만든 후 "이건 나를 지키는 칼 이에요. 아무도 나를 해치지 못해요"라고 설명했다면, 퍼실리테이터는 즉시 조언하거나 해결책을 제시하는 대신, "이 칼이 당신에게 어떤 의미일까요?"와 같은 질문을 통해 감정을 탐색하도록 도울 수 있다. 또한, 눈을 맞추고 고개를 끄덕이는 등 적극적인 경청 태도를 보이며 아이가 감정을 표현하는 과정을 존중하는 것이 중요하다. 이러한 방식은 참가자기 자신의 감정을 더욱 명확하게 인식하고 표현할 수 있도록 돕는다.

심리적 안정감이 확보되면, 참가자는 점차 깊은 감정을 공유하고 자신을 탐색할 기회를 얻게 된다. 퍼실리테이터는 이를 위해 비판 없이 듣고, 참여자의 경험과 감정을 있는 그대로 인정하는 자세를 유지해야 한다.

열린 질문을 통한 감정 탐색: 대화의 폭을 넓히는 기술

퍼실리테이터가 사용하는 질문 방식은 참가자의 감정 탐색에 결정적인 영향을 미친다. 특히 열린 질문을 활용하면 참가자가 자신의 감정을 보다 깊이 탐색하고 표현할 수 있다. 열린 질문은 정해진 답을 요구하는 것이 아니라, 참가자가 자신의 생각을 자유롭게 말할 수 있도록 유도하는 질문이다.

예를 들어, 참가자가 "이 레고 작품은 내가 혼자라고 느낄 때 만들었어요"라고 말한다면, "그때 어떤 감정이 들었나요?" 또는 "이 작품을 통해 무엇을 표현하고 싶었나요?"와 같은 질문을 던질 수 있다. 이렇게 하면 참가자는 자신의 감정을 구체적으로 설명하며 심리적 통찰을 얻게 된다.

한 학교폭력 피해 청소년이 친구들과의 관계를 레고로 표현하며 "이 다리는 끊어진 우정이에요"라고 말했을 때, 퍼실리테이터는 "그 다리를 다시 연결하려면 무엇이 필요할까요?"라는 질문을 던질 수 있다. 이러한 접근법은 참가자가 단순한 감정 표현을 넘어 관계 개선을 위한 자기 탐색을 하도록 돕는다. 질문의 핵심은 참가자가 스스로 자신의 감정을 탐색하고 의미를 찾을 수 있도록 지원하는 것이다.

비판 없는 소통과 메타포 활용: 창의적 대화를 이끄는 방법

퍼실리테이터가 반드시 지켜야 할 원칙 중 하나는 비판 없는 소통이다. 참가자가 자신의 경험과 감정을 공유할 때, 퍼실리테이터가 이를 판단하거나 조언하는 태도를 보이면 심리적 장벽이 형성될 수 있다. 따라서 퍼실리테이터는 평가나 해석 없이 참가자의 표현을 존중하고 지지하는 태도를 유지해야 한다.

한 예로, 한 참가자가 "이 집은 나만의 공간이에요. 아무도 들어올 수 없어요"라고 말했을 때, 퍼실리테이터가 "너무 혼자만 있으려는 건 좋지 않아요"라고 반응한다면, 이는 참가자의 감정을 무시하는 결과를 초래할 수 있다. 대신, "이 공간이 당신에게 어떤 의미를 가지나요?"라고 질문함으로써 참가자가 스스로 감정을 탐색하고 표현할 수 있도록 해야 한다.

또한, 메타포(은유)를 활용하는 대화 기법은 참가자가 보다 창의적으로 감정을 표현하는 데 도움을 줄 수 있다. 예를 들어, 참가자가 "이 구조물은 내 미래예요. 아직 다 완성되지 않았어요"라고 설명한다면, 퍼실리테이터는 "완성되기 위해 무엇이 필요할까요?"라는 질문을 던질 수 있다. 이는 참가자가 자신의 감정을 간접적으로 표현하며 자기 성장의 가능성을 스스로 발견하는 기회를 제공한다.

결론적으로 공감적 경청, 열린 질문, 비판 없는 소통은 퍼실리테이터가 참가자의 감정을 깊이 탐색하고 표현할 수 있도록 돕는 핵심 기술이다. 공감적 경청을 통해 심리적 안정감을 조성하고, 열린 질문을 활용하여 참가자의 감정을 탐색하며, 메타포와 창의적 대화를 통해 보다 풍부한 감정 표현을 이끌어내야 한다.

퍼실리테이터는 단순한 진행자가 아니라, 참가자가 레고치유코칭을 통해 내면의 감정을 탐색하고 치유할 수 있도록 돕는 촉진자 역할을 수행해야 한다. 보호아동과 학교폭력 피해자들이 심리적 회복과 자기 성장을 이루도록 지원하는 것이 궁극적인 목표이다. 이를 위해 퍼실리테이터는 참가자의 감정을 존중하고 적극적으로 소통하며, 창의적인 질문과 메타포를 활용하여 보다 깊은 대화를 유도해야 한다. 이러한 과정을 통해 참가자들은 자기 이해를 높이고, 더 나아가 관계 회복과 심리적 안정을 찾아갈 수 있을 것이다.

❸ 레고 코칭 세션의 준비와 실행

세션의 목표 설정: 감정 탐색과 신뢰 형성을 중심으로

레고 코칭 세션을 효과적으로 운영하려면 참여자의 감정 상태와 경험을 충분히 고려해야 한다. 특히 보호아동과 학교폭력 피해 학생들은 감정을 언어로 표현하는 것에 어려움을 겪는 경우가 많아, 강요 없는 환경에서 자연스럽게 감정을 표출할 수 있도록 돕는 것이 중요하다.

세션 목표는 단순한 활동 수행이 아니라 참여자의 감정 탐색과 신뢰 형성을 중심으로 설정해야 한다. 예시로, '자신을 표현해보기'라는 목표 아래에서 참여자가 편안하게 활동할 수 있도록 돕는다.

한 초등 3학년 여자아이는 첫 세션에서 퍼실리테이터의 질문에 전혀 반응하지 않았다. 그러나 퍼실리테이터가 레고뿐만 아니라 아이가 관심을 보이는 장난감에도 주의를 기울이고 자연스럽게 함께 놀아주자, 아이는 점차 마음을 열기 시작했다. 이후, 아이는 먼저 다가와 장난을 치며 관계를 형성했고, 이후 상담실을 신뢰할 수 있는 공간으로 받아들이게 되었다. 이처럼 강요 없이 참여자의 감정과 관심사를 존중하며 목표를 설정하는 것이 중요하다.

보호아동의 경우 시설에서 상당히 많은 프로그램들에 참여하곤 한

다. 방과 후 학습이나 학원, 상담 프로그램 등 하교 후에 바쁜 스케줄로 꽉 차 있는 경우들이 있다. 이 때 아동들에겐 정서적 치유 보다 때론 육체적 휴식이 더 필요할 수 있다.

 특히 하교 후 바로 진행되는 프로그램이라면 학교에서의 긴장감을 풀고 가벼운 간식과 함께 육체적으로도 릴렉스 할 수 있는 시간이 절대적으로 필요하다. 퍼실리테이터는 프로그램 진행이란 나름의 목표를 가지고 아동을 만나게 되는데 이때 프로그램에 참여하는 아동의 컨디션을 배려하지 않은 프로그램의 목표에만 집중한다면 아동과 신뢰있는 관계로 발전하는데 큰 걸림돌이 될 것이다. 어떠한 경우에도 아동을 향한 진정성 있는 목적의식을 놓치지 말아야 할 것이다.

레고 코칭 세션의 구조 : 참여자의 흐름을 존중하는 유연한 접근

 레고 코칭 세션은 일반적으로 도전, 활동, 공유 및 피드백의 구조로 구성된다. 하지만 이러한 틀을 강요하기보다, 참여자의 흐름을 존중하며 유연하게 조정하는 것이 더 효과적이다.

 도전 단계에서는 심리적 안정감을 조성하는 것이 핵심이다. 첫 회기에서는 레고만을 강요하는 대신, 참여자가 자연스럽게 관심을 가지는 활동에 초점을 맞추는 것이 좋다. 앞서 언급한 사례에서도, 아이가 레고보다 다른 장난감에 관심을 보였을 때 이를 존중하고 놀이에 함께 참여함으로써 신뢰 관계를 형성할 수 있었다.

 활동 단계에서는 참여자가 자유롭게 표현할 수 있도록 돕는다. 예를 들어, '오늘의 감정을 표현하는 레고 작품 만들기'나 '자신이 꿈꾸는 공간 만들기' 등의 활동을 제공할 수 있다. 그러나 참여자가 레고가 아닌 다른 방식으로 감정을 표현하고 싶어 한다면 이를 수용하는 것이 중요하다. 강요보다는 유연한 진행 방식이 참여자의 몰입도를 높이고, 자연스럽게 감정을 표출하는 기회를 제공한다.

 공유 및 피드백 단계에서는 퍼실리테이터가 개방형 질문을 활용하여 참여자가 자신의 감정을 보다 깊이 성찰할 수 있도록 유도해야 한다. 예를 들어, '이 작품에서 가장 중요한 부분은 어디인가요?', '어떤 기분을 담았나요?'와 같은 질문이 도움이 될 수 있다. 또한, 피드백은 참여자의 감정을 존중하는 방식으로 전달되어야 한다. 단순히 '잘했어요'가 아니라, '이 작품을 보니 네가 무엇을 소중히 여기는지 느껴져요'와 같이 구체적이고 의미 있는 피드백이 필요하다.

퍼실리테이터의 역할 : 신뢰 관계 형성과 정서적 지지 제공

 퍼실리테이터는 단순한 진행자가 아니라, 참여자와의 신뢰를 쌓고 정서적 지지를 제공하는 역할을 한다. 특히 보호아동과 학교폭력 피해 학생들은 대인관계에서 경계를 세우는 경우가 많으므로, 강요 없이 기다려주는 태도가 중요하다.

 예를 들어, 한 아동은 세션 초반에는 대화에 전혀 반응하지 않았지만, 퍼실리테이터가 간식을 매개로 편안한 분위기를 조성하자 점차 반응을 보이기 시작했다. 이후, 퍼실리테이터가 참여자의 표현을 있는 그대로 인정하고 칭찬해주자 아이는 자신감을 얻고 더욱 적극적으로 표현하게 되었다.

 퍼실리테이터는 참여자의 감정 표현을 유도하되, 이를 강요하지 않으며 자연스럽게 신뢰를 형성할 수 있도록 해야 한다. 또한, 참여자가 자신의 감정을 표현했을 때 이를 존중하고 의미 있는 피드백을 제공하는 것이 중요하다. 이를 통해 참여자는 자신이 안전한 환경에서 보호받고 있다는 느낌을 받으며, 점진적으로 감정 표현을 확대할 수 있다.

❹ 개인 맞춤형 치유 활동 설계

참여자의 개별 특성을 반영한 맞춤형 활동

 레고치유코칭은 모든 참여자에게 동일한 방식으로 적용될 수 없다. 개인의 성장 단계, 정서적 상태, 과거 경험을 고려하여 맞춤형으로 설계되어야 한다. 보호아동과 학교폭력 피해 학생들은 각자의 경험이 다르므로, 세션의 목표와 활동을 개별화하는 것이 필수적이다.

 예를 들어, 감정 표현이 어려운 아동에게는 '감정 색깔 레고 만들기'를 활용할 수 있다. 반면, 사회적 관계 개선이 필요한 학생에게는 '함께 하나의 작품 만들기' 활동이 더 적절할 수 있다.

 사회성이 부족한 아동과 활동을 할 때에는 퍼실리테이터가 교육적 접근 보다는 친구가 되어 함께 놀이를 해 주는 노력도 도움이 된다. 또래 친구와 만나서 어떤 이야기를 나누고 어떻게 대해야 좋을지 잘 모르는 아동에게 진짜 친구처럼 함께 놀이를 진행 하였다. 처음엔 자신이 만든 레고 집에 들어오지 못하게 하였는데 회를 거듭할수록 놀러 오라는 초대도 하고 함께 놀이를 할 수 있도록 곁을 내주는 아동을 보며 퍼실리테이터가 아닌 오롯이 친구로서 함께하는 시간, 추억을 쌓아가는 일들이 매우 중요함을 느꼈다.

감정 탐색과 자기 표현을 위한 자연스러운 접근

감정을 탐색하는 과정은 강요 없이 자연스럽게 이루어져야 한다. 앞서 언급한 사례처럼, 참여자가 자신만의 방식으로 감정을 표현할 때 퍼실리테이터는 개입을 최소화하고, 필요할 때 의미 있는 피드백을 제공해야 한다.

한 번은 중학생 여학생과 가족모델을 만들어 이야기를 나누고 있었다. 거실에 많은 피규어들을 앞혀 놓은 것을 보고 "이 사람은 누구야?" 라는 질문을 하였다. 한 명 한 명 질문과 함께 여학생이 가족구성원들에게 느끼는 감정이나 에피소드 등을 들을 수 있었다. 그러다 삼촌을 표현하는 순간이 있었는데 삼촌이 자신에게 욕을 하고 위협을 주었던 순간을 이야기 했다.

이 때, 퍼실리테이터는 이런 질문을 할 수 있다. "삼촌 피규어를 다른 곳에 놓을 수도 있어. 네가 원하는 곳에 가족들의 자리를 옮겨

볼래?" 여학생은 잠시 머뭇거리더니 삼촌 피규어를 가능한한 자신의 피규어와 멀리 떨어진 곳에 놓았다. "그래, 잘 했어. 너를 위협하고 아끼지 않는 사람과는 멀리 떨어져 있는 것도 좋겠지?" 고개를 끄덕이는 여학생에게서 작게나마 안도의 숨소리를 들었다.

이 사례를 통해 알수 있듯이 레고를 활용한 감정 탐색이 참여자의 내면을 자연스럽게 드러낼 수 있는 강력한 도구임을 보여준다.

이처럼 놀이와 표현 과정을 통해 감정을 탐색하는 접근이 효과적이다. 퍼실리테이터는 참여자의 감정 변화를 민감하게 인지하고, 필요할 때 개입하여 의미 있는 질문을 던지는 것이 중요하다.

지속적인 피드백과 성장 지원 : 작은 변화의 축적이 치유로 이어진다

레고치유코칭의 효과는 단발적인 세션보다 지속적인 피드백과 지원을 통해 극대화된다. 세션이 끝난 후에도 참여자가 자신의 감정을 정리할 기회를 갖도록 돕고, 작은 변화들을 지속적으로 언급하며 지지하는 역할이 필요하다.

이러한 과정이 쌓일 때, 레고치유코칭은 단순한 놀이가 아니라 심리적 치유와 성장을 위한 강력한 도구가 될 수 있다.

❺ 피드백과 성장하는 퍼실리테이터

피드백은 퍼실리테이터 성장의 핵심이다

퍼실리테이터가 발전하려면 피드백을 받아들이고 활용하는 것이 중요하다. 좋은 퍼실리테이터는 단순한 진행자가 아니라, 참여자의 반응을 읽고 개선해 나가는 전문가다. 특히 보호아동이나 학교폭력 피해자를 대상으로 한 레고치유코칭에서는 감정 변화와 비언어적 반응을 주의 깊게 살펴야 한다.

피드백을 효과적으로 활용하는 퍼실리테이터는 세션 만족도가 높아지고, 프로그램의 질도 향상된다. 이를 위해 자기 성찰을 습관화하고, 참가자 및 동료의 의견을 열린 마음으로 수용해야 한다.

효과적인 피드백 수집 방법

피드백은 다양한 방법으로 수집할 수 있다. 참여자의 반응, 동료 피드백, 자기 성찰을 활용하면 더욱 의미 있는 개선이 가능하다.

먼저, 참가자의 직접적인 의견을 듣는 것이 중요하다. 워크숍 후 "가장 인상 깊었던 활동은 무엇이었나요?"와 같은 질문을 던지면 유용한 피드백을 얻을 수 있다. 비언어적 피드백도 중요하다. 보호아동의 경우 말로 표현하는 것이 어려울 수 있으므로, 레고를 다루는 방식, 표정과 몸짓을 관찰하며 반응을 분석해야 한다.

또한, 동료 퍼실리테이터와 피드백을 주고받는 것이 효과적이다. 리뷰 세션을 통해 서로의 강점과 보완점을 점검하면 더욱 발전할 수 있다. 마지막으로, 자기 성찰을 위한 피드백 노트를 작성하는 것도 도움이 된다. "오늘 가장 효과적이었던 점은?"과 같은 질문을 통해 스스로 개선할 방향을 찾을 수 있다.

피드백을 활용한 지속적 성장 전략

퍼실리테이터는 피드백을 성장의 기회로 삼아야 한다.

첫째, 즉각적인 개선을 위한 계획을 세우는 것이 중요하다. 참가자들의 반응을 분석하고, 다음 세션에서 보완할 부분을 정리하면 더욱 나은 결과를 얻을 수 있다.

둘째, 장기적인 성장을 위해 정기적으로 자기 평가를 해야 한다. 피드백을 축적하여 발전 과정을 점검하면 자신의 강점과 개선점을 보다 명확히 파악할 수 있다.

셋째, 피드백을 체계적으로 관리하는 시스템을 구축하면 보다 효율적인 개선이 가능하다. 예를 들어, 정기적인 설문조사나 리뷰 세션을 통해 데이터를 축적하고 분석하는 것이 효과적이다.

퍼실리테이터 커뮤니티와 성장

피드백은 개인적으로 받는 것도 중요하지만, 퍼실리테이터들 간에 공유될 때 더욱 강력한 학습 효과를 발휘한다. 서로의 경험을 나누고 배울 수 있는 커뮤니티를 형성하면 지속적인 성장이 가능하다.

레고치유코칭을 활용하는 퍼실리테이터들은 효과적인 사례를 공유하며 실질적인 해결책을 도출할 수 있다. 정기적인 리뷰 세션을 운영해 서로 피드백을 주고받고, 새로운 아이디어를 적용하는 것도 좋은 방법이다.

결론적으로 피드백을 성장의 기회로 만들수 있어야 한다. 피드백은 퍼실리테이터가 성장하는 데 필수적인 요소다. 참기지의 반응을 세심하게 살피고, 동료와 소통하며 자기 성찰을 지속하는 과정에서 더욱 효과적인 퍼실리테이터로 거듭날 수 있다.

특히 보호아동과 함께하는 과정에서는 작은 변화도 의미 있는 메시지가 될 수 있다. 피드백을 능동적으로 수용하고, 이를 바탕으로 세션을 지속적으로 개선하는 것이 중요하다.

퍼실리테이터는 단순히 프로그램을 진행하는 역할을 넘어, 피드백을 통해 성장하는 전문가다. 지속적인 학습과 개선을 실천할 때, 더욱 의미 있고 효과적인 코칭이 가능해진다.

❻ 퍼실리테이터의 지속적 성장과 역량 개발

퍼실리테이터의 지속적 학습은 전문성을 강화한다

퍼실리테이터가 탁월한 역량을 유지하기 위해서는 지속적인 학습이 필수적이다. 보호아동 및 학교폭력 피해자를 지원하는 레고치유코칭은 고도의 민감성과 창의적 접근이 요구된다. 이를 위해 퍼실리테이터는 관련 학문과 기법을 끊임없이 학습해야 한다.

예를 들어, 심리학과 신경과학 연구를 바탕으로 놀이가 정서 안정과 트라우마 치유에 미치는 효과를 이해하면 더 깊이 있는 코칭이 가능하다. 또한, 레고 시리어스 플레이(LEGO Serious Play)와 같은 기법을 다른 치유 방법과 결합하여 독창적인 접근법을 개발할 수도 있다. 이러한 학습은 워크숍, 온라인 강의, 관련 도서를 통해 손쉽게 시작할 수 있다.

실전 경험은 퍼실리테이터를 더 강하게 만든다

실전 경험은 퍼실리테이터의 성장을 가속화한다. 다양한 대상군과 세션을 진행하며 축적된 경험은 퍼실리테이터의 역량을 더욱 확장시킨다.

특히 보호아동과 같이 심리적 회복이 필요한 대상군은 각기 다른 반응과 필요를 보인다. 예를 들어, 한 워크숍에서 아동이 자신의 감정을 표현하기 위해 레고 모델을 활용한 방식이 다른 워크숍에서의 성공 요인이 될 수 있다. 이러한 경험을 바탕으로 퍼실리테이터는 상황에 맞는 유연한 접근 방식을 개발할 수 있다.

또한, 실패를 통해 배우는 것도 중요하다. 예상치 못한 도전 과제를 해결하며 얻은 통찰은 이후의 세션 운영에 매우 귀중한 자산이 된다. 실전 경험은 퍼실리테이터가 보다 자신감 있고 창의적으로 세션을 이끌도록 돕는다.

피드백은 성장의 가속장치이다

피드백은 퍼실리테이터가 자신의 강점과 약점을 명확히 인식하고 발전할 수 있도록 돕는다. 참가자와 동료의 피드백은 객관적인 시각을 제공하며, 자기 성찰과 결합되면 더욱 강력한 도구가 된다.

예를 들어, 워크숍 후 참가자들이 작성한 설문조사 결과를 통해 특정 활동이 긍정적인 영향을 미쳤는지 파악할 수 있다. 동료 퍼실리테이터와의 리뷰 세션을 통해 보다 전문적인 관점에서 조언을 받을 수도 있다. 이러한 피드백은 퍼실리테이터가 지속적으로 자신의 역량을 점검하고 성장의 방향을 설정하는 데 핵심 역할을 한다.

네트워크와 커뮤니티는 지속적 성장을 지원한다

퍼실리테이터의 성장에는 동료와의 협업과 커뮤니티 참여가 필수적이다. 네트워크를 통해 새로운 아이디어와 기법을 공유하고, 전문성을 강화할 수 있다.

국내외 레고 시리어스 플레이 퍼실리테이터 커뮤니티에 참여하거나, 심리 상담사 및 코치 네트워크와 협력하는 것이 좋은 예다. 이와 같은 커뮤니티는 실제 사례를 공유하며 도전 과제에 대한 해결책을 논의할 수 있는 장을 제공한다. 또한, 정기적인 워크숍과 세미나에 참석하면 최신 트렌드를 파악하고 자신의 전문성을 업그레이드할 수 있다.

자기 돌봄은 퍼실리테이터의 지속 가능성을 보장한다

 퍼실리테이터는 타인의 감정을 다루는 역할을 맡고 있기 때문에, 자신의 심리적·정서적 건강을 관리하는 것이 중요하다. 자기 돌봄은 장기적으로 퍼실리테이터가 번아웃을 방지하고 안정적으로 역할을 수행할 수 있도록 돕는다.

 예를 들어, 정기적으로 명상, 요가와 같은 활동을 통해 자신의 감정을 정리하고 에너지를 회복하는 방법이 있다. 또한, 자신의 고민을 동료와 나누고 공감받는 것도 심리적 회복에 큰 도움이 된다. 퍼실리테이터가 스스로를 돌볼 때, 참가자에게도 긍정적인 에너지를 전달할 수 있다.

 결론적으로 퍼실리테이터는 성장하는 전문가이다. 퍼실리테이터는 단순히 세션을 진행하는 역할에 머무르지 않는다. 지속적인 학습, 실전 경험, 피드백, 커뮤니티 활동, 그리고 자기 돌봄을 통해 끊임없이 성장하는 전문가이다.

 특히 보호아동 및 학교폭력 피해자와 같은 대상군을 위한 세션에서는 퍼실리테이터의 민감성과 전문성이 더욱 중요하다. 꾸준한 노력을 통해 역량을 개발하는 퍼실리테이터만이 참가자들에게 진정성 있는 변화를 이끌어낼 수 있다. 이러한 성장은 퍼실리테이터 본인에게도 큰 성취감을 안겨준다.

 결국, 성장하는 퍼실리테이터는 참가자와 함께 더 나은 미래를 만들어 나가는 사람이다.

Chapter 5
보호아동과 학교폭력
피해자 사례 연구

—

레고와 신뢰 회복
트라우마 극복 이야기
가족 관계 회복을 돕는 레고 활동
자기 표현 능력 향상 사례
레고로 다시 찾은 자신감

레고치유코칭: 브릭으로 쌓아 올리는 마음 치유

작가 소개

김은석

"재능을 강점으로!
강점을 리더십으로!"

주식회사 리더십포유 대표
어린이 리더십강사협회 고문
전)현대직업전문학교 상담심리학과 외래교수(커리어코칭)
서울시, 군산시, 광주서구 청년인생설계학교 코치(갤럽, 버크만)
SERIOUSWORK 인증 LSP Facilitator
KAC/갤럽강점코치/버크만 인증코치
광운대 교육대학원 석사(부모교육 전문가)

김소연

"따뜻한 사람, 토닥코치"

SERIOUSWORK 인증 LSP Facilitator
성남시 보호아동 전문코치
한국코치협회 인증 전문코치 (KPC)
도형심리 GPA 디브리퍼(1급)
숭실대학교 유학생 또래코칭 전문코치
한경대학교 진로코치
커리어/라이프 코칭
전) 더마크월드 LSP Curator
전) 대전시 교육청 선정 스쿨코치

Chapter 5

보호아동과 학교폭력 피해자 사례 연구

❶ 레고와 신뢰 회복

 이 장에서는 폭력적인 아버지, 방관하는 어머니 밑에서 자란 아동(가명 김도담, 14세)이 레고치유코칭을 통해 가족에 대한 신뢰를 쌓아가는 과정이 담겨 있다.

대표적인 활동 소개
- "내 마음을 블록으로 표현하기"
  신뢰 형성의 첫걸음으로, 아이들이 레고를 활용해 자신의 감정을 표현할 수 있도록 한다. 아동이 자유롭게 블록을 조립한 후, 작품에 대해 이야기하며 자신의 감정을 자연스럽게 드러내도록 유도한다.

- "믿을 수 있는 관계 만들기"
  아동이 생각하는 '신뢰할 수 있는 사람'의 모습을 레고로 만들어본다. 처음에는 거부감을 보일 수 있지만, 점진적으로 '신뢰'라는 개념을 탐색할 수 있도록 지도한다.

- "함께 만들어 가는 신뢰"
  다른 아동들, 혹은 코치와 팀을 이루어 공동 프로젝트를 진행한다. 레고를 함께 조립하는 과정에서 협력과 소통을 경험하며, 신뢰가 상호작용 속에서 형성될 수 있음을 깨닫게 한다.

- "미래의 나를 표현하기"
  마지막 단계에서는 아동이 자신의 미래 모습을 레고로 만들어 보게 한다. 이를 통해 신뢰는 단순히 관계에서 끝나는 것이 아니라, 자기 자신과 미래를 향한 믿음으로 확장될 수 있음을 경험할 수 있게 된다.

신뢰의 부재와 보호아동의 현실

신뢰는 건강한 관계 형성과 정서적 안정을 위한 필수 요소이다. 그러나 가정폭력과 방임을 경험한 보호아동에게 신뢰는 매우 취약하다. 김도담(가명, 중1) 역시 가족과의 관계에서 신뢰를 쌓아본 경험이 거의 없었으며, 타인과의 관계에서도 경계심이 높았다.

그는 감정을 말로 표현하는 것보다 침묵하거나 피하는 방식을 택했다. 이러한 상황에서 레고치유코칭은 신뢰를 회복하는 강력한 도구로 작용할 수 있었다.

레고치유코칭 과정에서 도담이는 조금씩 변하기 시작했다. 말로 표현하기 어려웠던 감정을 블록을 통해 형상화하면서 자기 자신을 탐색하고, 코치와의 신뢰를 쌓아가는 과정을 경험했다. 이러한 변화는 신뢰 형성을 위한 첫걸음이 되었다.

레고를 통한 신뢰의 시작: 안전한 표현 공간 조성

신뢰 형성의 첫 단계는 아이가 안전하다고 느낄 수 있는 환경을 제공하는 것이다. 레고치유코칭은 강압적인 대화 대신 블록을 활용한 간접적 표현 방식을 도입하여 아동이 부담 없이 자신의 감정을 드러낼 수 있도록 돕는다.

첫 회기에서 도담이는 단순한 타워를 만들었으나, 그 의미를 묻자 "갇혀있는 새를 자유롭게 날 수 있도록 만들었어요"라고 설명했다. 이는 그의 내면에 존재하는 자유에 대한 갈망과 새로운 관계에 대한 희망을 나타내는 신호였다.

이후 다양한 주제를 다루며 점차 자기 표현의 폭을 넓혀갔다. 신뢰가 필요한 관계를 레고로 만들게 했을 때, 처음에는 "아무것도 만들지 않겠다"라고 했지만, 차츰 블록을 쌓으며 "믿을 수 있는 친구"라는 개념을 표현하기 시작했다. 이는 작은 변화처럼 보이지만, 신뢰라는 개념을 받아들이기 시작했디는 중요한 지표였다.

신뢰의 강화: 협력과 소통을 통한 관계 형성

레고치유코칭은 도담이가 다른 사람들과 협력하고 소통하는 연습을 할 수 있도록 유도했다. 특정 회기에서는 팀워크 프로젝트를 진행했으며, 그는 처음에는 협업을 거부했지만, 코치가 먼저 도담이의 의견을 존중하며 참여를 유도하자 서서히 블록을 쌓아가며 대화에 참여했다.

특히 '우주 탐사선'을 만들면서부터 변화는 더욱 뚜렷해졌다. 그는 탐사선을 설계하면서 "나의 꿈을 현실로 만들고 싶다"는 목표를 구체적으로 이야기하기 시작했고, 이를 통해 자신의 미래를 향한 신뢰도 구축해 나갔다. 단순히 혼자 만드는 것이 아니라, 코치와 질문을 주고받으며 '자신의 의견이 존중받는 경험'을 하였다. 이는 신뢰 형성의 중요한 요소로 작용했다.

"이날 도담이는 우주 탐사선을 만들며 잃어버린 꿈과 희망을 다시 펼쳐냈다."

이 경험은 대인관계에서도 긍정적인 변화를 가져왔다. 친구들과 이야기할 때 점차 자신의 생각을 적극적으로 표현하기 시작했고, 그룹홈 내 선생님들과의 관계에서도 신뢰를 쌓아가는 모습을 보였다.

신뢰의 완성: 미래를 향한 다짐과 성장

레고치유코칭 후반부, 그는 '미래의 나'를 주제로 작품을 만들었다. 도담이는 '2050년의 자신'이 강당에서 후배들에게 강연하는 모습을 레고로 표현했다. 과거에는 현실의 어려움을 이유로 꿈을 포기하려 했지만, 그는 이제 "내가 이룰 수 있다"는 신념을 가지게 되었다.

그는 '행동하지 않으면 망상가일 뿐'이라는 말을 하며, 신뢰란 단순한 감정이 아니라 노력과 실천을 통해 쌓아가는 것임을 스스로 깨닫기 시작했다.

마지막 회기에서 그는 "선생님, 진짜 제가 뭐가 된 것 같았어요. 진짜 이룬 듯한 느낌을 받았어요"라며 환하게 웃었다. 그리고 "언젠가 제가 꿈을 이루게 된다면 제가 이룬 성공의 모든 자원을 이 시설에 돌려줄 거예요"라며 자신이 받은 도움을 다른 이들에게 돌려주겠다는 다짐까지 했다.

이는 신뢰가 단순히 관계에서 끝나는 것이 아니라, '자신과 미래에 대한 신뢰'로 확장되었음을 보여주는 중요한 변화였다.

레고와 신뢰 회복의 의미

레고치유코칭은 도담이와 같은 보호아동이 신뢰를 회복하는 과정에서 강력한 도구가 될 수 있음을 증명했다. 언어로 감정을 표현하는 것이 어려운 아이들에게 레고는 안전한 표현의 매개체가 되었으며, 이를 통해 자기 이해와 관계 형성이 가능했다.

무엇보다 중요한 것은, 신뢰는 단순히 주어지는 것이 아니라, 작은 경험과 실천을 통해 형성된다는 점이다. 도담이는 레고를 통해 신뢰를 쌓아가면서 자기 자신에 대한 믿음을 회복했고, 이는 그의 대인관계와 학업 태도에도 긍정적인 영향을 미쳤다.

도담이의 사례는 보호아동에게 신뢰를 회복하는 과정이 얼마나 중요한지를 보여준다. 그리고 그 과정에서 레고치유코칭이 얼마나 효과적인 도구가 될 수 있는지를 실증적으로 증명하는 사례로 남을 것이다.

❷ 트라우마 극복 이야기

트라우마를 경험한 아이들은 감정을 표현하는 것 자체가 어렵거나 두려운 경우가 많다. 이 장에서는 갑자기 엄마를 잃은 상실감에 다양한 감정 변화를 보인 아동(가명 윤 솔, 12세)이 레고를 활용하여 감정을 탐색하고, 점진적으로 회복해 나가는 과정을 소개한다.

대표적인 활동 소개

- "내가 머무르고 싶은 공간 만들기"
  자신이 편안함을 느낄 수 있는 공간을 레고로 표현하게 한다. 집, 숲, 바다 등 어떤 형태든 자유롭게 만들면서, 자신이 원하는 '안전한 공간'을 시각적으로 탐색할 수 있도록 한다.

- "가족과의 기억을 되살려보기"
  가장 행복했던 순간을 떠올리며, 가족과 함께했던 기억을 레고로 표현한다. 가족 구성원을 레고 피규어로 나타내고, 그들과의 관계를 탐색하는 시간을 가진다.

- "나의 장점을 찾아보기"
  자신이 가진 장점을 키워드로 정리한 후, 그것을 레고로 형상화해 본다. 예를 들어, 공감을 잘하는 아이라면 '따뜻한 공간'을 만들고, 창의적인 아이라면 '독창적인 건축물'을 설계할 수 있도록 코칭한다.

- "꿈을 블록으로 쌓아 올리기"
  마지막 단계에서는 아이가 이루고 싶은 꿈을 레고로 표현한다. 이를 통해 자신의 미래를 긍정적으로 상상하고, 트라우마를 넘어 새로운 희망을 가질 수 있도록 지도한다.

레고를 통한 회복의 시작

　레고 활동은 부모의 상실과 학대로 인해 심리적 상처를 입은 아이들이 자신을 표현하고 치유할 수 있도록 돕는 강력한 도구이다. 신뢰를 잃고 마음을 닫아버린 아이들에게 레고는 언어적 소통이 아닌 새로운 방식으로 감정을 표현할 기회를 제공한다.

　솔이는 초등학교 5학년 때 오랜 투병 끝에 엄마를 떠나보낸 후 깊은 상실 트라우마를 겪었다. 감정을 언어로 표현하는 것이 어려운 그녀에게 레고는 안전한 표현 도구가 되었다.

　첫 회기에서 솔이는 레고 블록을 나열하는 방식으로 참여하였고, '나만의 타워 만들기' 활동을 통해 점차 자신의 내면을 탐색하기 시작했다. 그녀는 '숲속 타워'라는 이름을 붙이며, 그 공간이 자신의 안식처임을 설명했다. 이는 솔이가 상실의 고통 속에서도 보호받고 싶은 욕구를 가지고 있으며, 레고를 통해 이를 은유적으로 표현하고 있음을 보여준다.

　활동 말미에는 별 조명을 제작하며 자신을 빛나게 할 수 있는 요소를 찾는 과정도 포함되었다. '이 별은 나를 스스로 빛나게 해주는 북극성 같은 존재'라는 솔이의 표현은, 레고 활동이 단순한 놀이가 아닌 자기 인식과 긍정성 회복의 과정임을 보여준다. 솔이는 별을 통해 자신이 어둠 속에서도 빛을 찾을 수 있음을 깨닫게 되었다.

작은 조각으로 쌓아 올린 희망

　감정을 말로 표현하는 것이 어려운 아이들에게 레고는 강력한 치유의 도구로 작용한다. 솔이는 둘째 회기에서 '내가 가장 행복했던 순간'을 레고로 표현하는 활동을 진행하며 가족을 나타내는 네 개의 레고 인형을 배치했다. 하지만, 그 순간이 언제였는지, 어떤 기억인

지에 대한 질문에는 쉽게 대답하지 못했다.

 엄마와의 이별이 영향을 미친 것으로 보였으며, 가족과의 관계를 긍정적으로 떠올리기 어려운 상태임이 드러났다. 그러나 코칭이 진행될수록 솔이는 가족의 존재 자체가 자신에게 안도감을 주며, 비록 엄마가 떠났어도 여전히 자신에게 소중한 존재임을 받아들이기 시작했다.

 셋째 회기에서는 '나만의 장점 찾기'를 진행했다. 솔이는 '행복, 호기심, 사랑, 우정, 공감'이라는 다섯 가지 키워드를 선정하며 자신의 긍정적인 측면을 찾으려 노력했다. 특히, '친구의 마음을 헤아려준 적이 있다'는 이야기를 하며, 자신이 배려심이 깊고 공감 능력이 뛰어나다는 점을 스스로 발견하게 되었다.

 이는 상실로 인해 자존감이 낮아진 아이들이 다시금 자신의 가치를 찾도록 도울 수 있는 중요한 과정이었다.

함께 쌓아 올린 관계

 트라우마를 극복하는 과정에서 가장 중요한 요소 중 하나는 신뢰할 수 있는 관계를 형성하는 것이다. 레고 활동을 통해 솔이는 또래 및 어른과의 관계 속에서 긍정적인 경험을 쌓아가기 시작했다.

 넷째 회기에서는 '나의 재능과 잠재력'을 레고로 표현하는 활동을 진행했다. 솔이는 처음에는 '나는 특별한 재능이 없는 존재'라고 스스로를 축소하였지만, 레고 블록을 통해 '가능성을 확장할 수 있다'는 개념을 익히기 시작했다.

 코치는 가장 작은 레고 블록을 보여주며 '이것이 솔이가 생각하는 너의 모습'이라고 설명한 후, 가장 큰 레고 블록을 보여주며 '이것이 선생님이 생각하는 너의 모습'이라고 말했다. 솔이는 이를 듣고 놀라며, 자신이 스스로를 너무 과소평가하고 있었음을 깨닫게 되었다.

 마지막 다섯 번째 회기에서는 솔이가 자신의 꿈을 레고로 표현하는 시간을 가졌다. 그녀는 처음에는 단순한 구조물을 만들었지만, 점차 창의적인 작은 골짜기 쉼터로 확장해 나갔다.

 쉼터는 배고픈 강아지에게는 밥을 주고, 목마른 자들에게는 물을 주고, 휴식이 필요한 자에게는 쉴 공간을 제공하고, 이야기를 나눌 상대가 필요한 자에게는 잘 들어주는 친구 역할을 자처했다.

"솔이가 레고로 빚어낸 작은 숲속 쉼터,
지친 마음도 배고픈 영혼도 이곳에서 따뜻한 품을 만나요."

 마지막 회기에 솔이는 엄마의 상실감으로 자신뿐 아니라 아빠도 분명 힘든 시간을 보내고 있다는 사실을 코치와 대화속에서 처음으로 발견했다. 자신만 힘들 것이라는 생각에서 벗어나 아빠를 생각하게 되었고 남은 가족과 잘 살고 싶다는 마음을 표현했다. 아빠가 조금만이라도 서운하게 하면 심하게 반항했던 자신의 모습을 반성했으며 아빠에게 처음으로 진정한 사과의 편지를 썼다. 이렇듯 작은 블록은 놀라운 변화를 만드는 위대한 힘이 있는 매개체임에는 틀림없다.

❸ 가족 관계 회복을 돕는 레고 활동

알콜중독 어머니 밑에서 순종하던 아들로 살아왔던 아동(가명 임우석, 18세)이 레고를 통하여 가족과의 관계를 되돌아보고, 회복할 수 있는 기회를 제공한다.

대표적인 활동 소개

- "가족을 바라보는 나의 시선"
  레고로 가족의 모습을 표현한다. 현재 가족을 어떻게 인식하고 있는지 탐색하며, 자신이 가족에게 원하는 것이 무엇인지도 생각해 보게 한다.

- "엄마·아빠의 생각을 이해해보기"
  가족의 역할을 레고로 형상화하며, 부모가 원하는 나의 모습과 내가 바라는 가족의 모습을 비교해 본다. 이 과정을 통해 서로를 더 깊이 이해할 수 있도록 한다.

- "가족을 위한 작은 실천"
  레고를 활용해 '가족을 위해 할 수 있는 작은 행동'을 만들어 본다. 예를 들어, '엄마와 함께하는 아침 식사', '아빠와 대화하는 시간' 같은 일상을 레고로 표현하며 가족 관계 개선을 위한 실천 방법을 고민해 본다.

- "미래의 가족을 디자인하기"
  마지막으로, 아이가 꿈꾸는 가족의 모습을 레고로 설계한다. 이를 통해 가족이 서로에게 부담스런 존재가 아니라, 함께 만들어갈 수 있는 소중한 공동체임을 깨닫게 한다.

레고와 함께 표현되는 감정

레고 활동은 부모의 학대와 가정 내 불안정한 환경 속에서 자란 아이들이 자신을 표현하고 치유할 수 있도록 돕는 강력한 도구이다. 이 아이들은 종종 깊은 상처로 인해 타인과의 소통이 단절되고, 자신의 감정을 적절히 표현하는 데 어려움을 겪는다.

하지만 레고는 언어적 소통이 아닌 비언어적인 방식으로 감정을 표현할 기회를 제공하며, 아이들이 스스로의 감정을 시각적으로 나타내고 이해할 수 있도록 돕는다. 이러한 과정은 심리적 안정감을 높이고 자기 이해를 증진시키는 중요한 역할을 한다.

특히, 레고는 아이들이 자신의 내면을 들여다볼 수 있도록 도와주는 동시에, 창의적인 활동을 통해 긍정적인 감정 경험을 하게 한다. 블록을 쌓고 구조물을 만들면서 아이들은 자신의 감정을 조심스럽게 탐색하고, 그 과정에서 자신의 이야기를 형상화하며, 정서적 긴장을 완화할 수 있다.

이렇게 레고를 활용한 치유 과정은 아이들에게 놀이의 즐거움을 제공하는 동시에, 심리적 회복의 첫걸음을 내딛게 하는 힘이 된다.

관계 회복을 위한 작은 발걸음

감정을 말로 표현하는 것이 어려운 아이들에게 레고는 단순한 장난감이 아닌 강력한 치유의 도구로 작용한다. 블록을 쌓고 해체하는 과정에서 아이들은 자신만의 방식으로 내면의 이야기를 드러낼 수 있으며, 이를 통해 주변 사람들과의 관계를 회복하는 계기를 마련할 수 있다.

특히, 신뢰를 잃고 관계 형성이 어려운 아이들에게 레고 활동은 긍정적인 상호작용을 유도하며, 점진적으로 타인과의 연결을 회복하는 데 도움을 준다.

또한, 레고 활동은 아이들이 스스로 문제를 해결하고 새로운 가능성을 발견할 수 있도록 돕는다. 아이들은 블록을 조합하면서 자신의 감정을 구조적으로 정리하는 법을 배우고, 이를 통해 내면의 혼란을 차분하게 정리할 수 있는 기회를 얻는다.

이러한 경험은 아이들에게 자기 효능감을 키워주고, 자신감을 회복하는 데 중요한 역할을 한다.

특히, 가족관계를 다시 회복하는 과정에서 레고는 효과적인 도구로 활용될 수 있다. 부모나 보호자가 함께 레고를 조립하는 과정에서 자연스럽게 대화가 오가고, 협력하며 무언가를 만들어 가는 경험이 신뢰 형성의 밑바탕이 된다. 말로 표현하기 어려운 감정도 블록을 통해 공유될 수 있으며, 아이들은 레고를 통해 서서히 자신의 감정을 표현하고 타인과의 유대감을 형성하는 법을 배워 나간다.

이렇듯 레고는 아이들이 자신을 표현하고 관계를 회복하며, 자신의 미래를 설계하는 힘을 기를 수 있도록 돕는 강력한 치유 도구이다. 레고를 활용한 치유 활동은 단순한 놀이를 넘어, 아이들에게 새로운 희망과 변화의 기회를 제공하는 중요한 과정이 된다.

가족관계 회복을 돕는 레고 활동

트라우마를 극복하는 과정에서 가장 중요한 요소 중 하나는 신뢰할 수 있는 관계를 형성하는 것이다. 레고 활동을 통해 가족관계 회복이 가능하며, 특히 우석이의 사례는 이를 잘 보여준다.

우석이는 알코올 중독이 있는 엄마와 전과가 있는 아버지 아래에서 성장하며 가족에 대한 불신과 불안감을 안고 있었다. 하지만 12회기에 걸친 레고 코칭을 통해 그는 가족의 의미를 다시 고민하게 되었고, 무엇보다도 자신이 '행복한 가정을 만들고 싶다'는 꿈을 갖게 되었다.

그는 엄마와의 관계를 개선하기 위해 레고 활동을 통해 '엄마의 머릿속', '엄마가 원하는 나', '내가 바라는 가정'을 조립하며, 가족 내에서 자신의 역할을 되돌아보았다. 특히, 엄마가 원하는 것은 거창한 것이 아니라 단순한 관심과 배려라는 사실을 깨닫고, 일상에서 엄마와 더 많은 대화를 시도하기로 다짐했다.

그는 레고를 활용해 엄마와 자신을 연결하는 사슬을 하트 모양으로 표현하며, 가족 공동체 안에서 서로를 존중하는 관계를 만들고 싶다는 의지를 나타냈다.

마지막 회기에서는 우석이가 자신의 꿈을 레고로 표현하는 시간을 가졌다. 그는 단순한 구조물이 아닌 '가족의 울타리'와 '행복한 공동체'를 설계했다. 그는 "가족이 서로 웃고, 농담을 던지며 함께 식사하는 것이 꿈"이라고 말하며, 레고 블록을 쌓아가며 자신이 만들고 싶은 가정의 모습을 구체화해 나갔다. 이 과정에서 우석이는 가족이라는 개념이 무거운 짐이 아니라, 따뜻한 관계 속에서 만들어갈 수 있는 것임을 깨달았다.

특히, 그는 가족이라는 개념을 현실적인 시각에서 바라보기 시작했다. 엄마와 함께 생활하는 과정에서 작은 관심과 배려가 중요한 요소라는 점을 깨달았고, 엄마의 외로움을 줄이기 위해 더 자주 대화를 나누기로 다짐했다.

또한, 그는 앞으로 가정을 이루게 되었을 때 자신이 어떤 남편, 아버지가 되고 싶은지에 대해서도 레고를 통해 표현했다. 그는 "항상 곁에 있어주는 아빠가 되고 싶다"는 말을 남기며, 자신의 가족을 건강하고 따뜻한 공동체로 만들어가고 싶다는 소망을 드러냈다.

우석이의 레고 코칭 과정은 깊은 상실감과 불안을 경험한 아이들이 자신을 표현하고, 자신의 내면을 긍정적으로 바라보며, 가족과의 관계를 형성하는 데 큰 도움을 줄 수 있음을 보여주는 사례였다. 레고는 우석이가 점진적으로 자신을 이해하고, 성장하며, 다시 삶의 의미를 찾아가는 과정에서 중요한 역할을 했다. 트라우마를 극복하는 것은 단시간에 이루어지는 과정이 아니지만, 작은 블록 하나하나를 쌓아 올리듯이 희망을 만들어가는 과정이었다.

우석이는 코칭이 끝난 후 선생님과의 만남은 최고의 만남이었다고 감격해하며 레고 코칭 시간은 자신이 멋진 사람이 된 것 같은 느낌을 받았던 의미있는 시간이라고 말했다. 항상 속이 텅 빈 것 같았던 자신을 마치 레고 블록이 가운데를 꽉 채워준 느낌이라고 표현했다. 이렇듯 레고는 심리적 치유를 위한 강력한 도구가 될 수 있다.

다양한 기관이나 다른 코치, 상담사들이 비슷한 상황에 처한 아이들에게 레고를 활용한 치유적 개입을 시도해볼 수 있기를 기대한다. 레고 활동이 아이들에게 자기 표현의 기회를 제공하고, 상처를 극복하며, 건강한 미래를 설계할 수 있도록 돕는 강력한 매개체임을 다시 한 번 강조한다.

❹ 자기 표현 능력 향상 사례

감정을 솔직하게 표현하는 것은 심리적 건강을 유지하는 데 필수적이다. 보호아동과 학교폭력 피해자는 감정을 억누르거나 표현하지 않는 것에 익숙한 경우가 많다. 학대나 방임을 경험한 아이들은 감정을 표현해도 받아들여지지 않았던 경험이 많았고, 학교폭력을 겪은 아이들은 감정을 드러내는 것이 또 다른 위협으로 이어질까 봐 침묵을 선택한다.

이렇게 감정을 말로 표현하는 것이 어려운 아이들은 시각적으로 드러날 수 있는 활동을 통해 감정을 나타내는 것이 더 쉬울 수 있다.

레고치유코칭은 이러한 아이들이 블록을 조립하며 감정을 자연스럽게 표현할 수 있도록 돕는다. 레고를 통해 감정을 형상화하는 과정에서 아이들은 자신의 내면을 탐색하고, 상담자와의 대화를 통해 감정을 보다 명확하게 이해할 수 있다. 이를 통해 자기 표현 능력이 향상되며, 타인과의 소통도 점진적으로 개선된다.

레고를 활용한 자기 표현 활동
레고는 말보다 쉽게 감정을 표현할 수 있는 도구다. 블록을 조립하는 과정에서 아이들은 무의식적으로 자신의 감정을 드러낸다. 이를 바탕으로 상담자가 감정을 탐색하고 소통을 유도하면, 아이들은 점차 자기 표현 능력을 키울 수 있다.

예를 들어, 아이들에게 현재 감정을 나타내는 구조물을 만들도록 하고 상담자는 "이 구조물이 너의 감정을 어떻게 나타내고 있을까?"라고 질문하며 아이가 자신의 감정을 설명하도록 유도한다.

또는, 다양한 색깔의 블록을 사용하여 기분을 표현하는 연습을 하는 것도 효과적이다. 파란색 블록은 차분함, 빨간색 블록은 화를 의미하도록 설정하고, 아이들이 색깔을 선택해 자신의 감정을 나타내게 한다. 감정을 색으로 표현하는 것은 말보다 부담이 적고, 표현이 보다 자유롭다.

사례 : 레고를 통해 감정을 표현한 아이

김윤호 (가명, 8세) - 불안과 방어적 태도의 표현

윤호는 레고 수업에서 매번 집을 만들었다. 하지만 단순한 집이 아니었다. 그의 집에는 도둑을 막기 위한 덫과 감시 장치가 가득했고, 철창이 달린 창문과 CCTV가 있었다. 특히, 집 안에는 도둑이 훔쳐갈까 봐 금고까지 숨겨두었다.

"이 집에는 누가 살까?"라는 질문에 윤호는 "둘째 형과 나만"이라고 답했다. 원래 가족이 모두 함께 살고 있었지만, 그는 형과 자기 자신만 포함했다. 이는 가족에 대한 불안과 방어 기제가 반영된 행동이었다.

몇 회기가 지나면서 윤호의 집은 조금씩 변했다. 문이 생기고, 창문이 생겼다. 가족들도 하나둘 추가되었다. 윤호는 "이제 도둑이 안 오면 문을 열어도 돼요"라고 말했다. 작은 변화였지만, 그는 세상을 향해 조금씩 마음을 열고 있었다.

이처럼 레고치유코칭은 아이들이 자기 표현을 연습하고, 내면의 감정을 시각적으로 탐색할 수 있도록 돕는다. 윤호의 사례는 자기 표현이 어려운 아이들도 레고를 통해 점진적으로 감정을 드러낼 수 있음을 보여준다.

❺ 레고로 다시 찾은 자신감

자신감은 건강한 자아 형성에 중요한 요소다. 하지만 보호아동과 학교폭력 피해자들은 반복된 좌절과 부정적인 경험으로 인해 자존감이 낮아지는 경우가 많다. 레고치유코칭은 작은 성공 경험을 쌓으며 아이들이 자신을 긍정적으로 인식할 수 있도록 돕는다.

보호아동과 학교폭력 피해자들은 종종 "나는 못 해", "나는 쓸모없는 사람이야"라는 생각을 하곤 한다. 특히, 반복된 실패와 무시당한 경험은 아이들의 자신감을 더욱 떨어뜨린다. 이런 사고방식이 굳어지면 도전을 피하고, 새로운 시도를 두려워하게 된다.

자신감을 회복하는 방법은 작은 성공 경험을 반복적으로 쌓는 것이다. 자신이 무언가를 해냈다는 성취감이 쌓이면, 점차 더 큰 도전을 할 용기가 생긴다. 레고는 이러한 작은 성공을 경험할 수 있는 최적의 도구다.

레고를 활용한 자신감 회복 활동

레고는 조립하는 과정 속에 아이들이 작은 목표를 설정하고 달성하도록 돕는다. 블록을 쌓고 구조물을 완성하는 경험은 즉각적인 성취감을 제공하며, 이를 반복하면서 아이들은 점진적인 성취를 경험하며, 자기 효능감과 문제 해결 능력을 키운다.

예를 들어, 처음엔 어려워 보이지만 천천히 하면 만들 수 있는 구조물 만들기 또는 높은 탑을 쌓거나 복잡한 다리를 만들도록 하면서 한 단계씩 완성하도록 독려할 수 있다. 이 경험이 거듭될 수록 "나도 할 수 있다"는 자신감이 자연스럽게 자리 잡는다.

다른 활동으로는, 두 명 이상의 아이들이 함께 구조물을 만드는 활동을 진행하며 서로 협력하며 역할을 나누고, 문제를 해결하는 과정에서 자기 능력을 확인하고, 팀워크를 배우게 된다. 뿐만 아니라 혼자서는 어렵지만, 함께하면 해낼 수 있다는 긍정적인 사고를 형성하고 더 큰 목표에 도전할 용기를 얻게 된다.

사례 : 레고를 통해 자신감을 되찾은 아이

김준우 (가명, 11세) - 작은 성취가 자신감을 만든다

준우는 처음 레고 수업을 받을 때 매우 신중하게 블록을 조립하는 아이였다. 그는 한 가지를 만들기까지 많은 시간을 소요했고, 조금이라도 틀리면 다시 해체했다. 하지만 피젯토이 만들기 활동을 통해 점차 자신감을 얻기 시작했다.

5회기 수업에서 준우는 "숲속 베이커리~"를 만들었다. 그는 직접 오븐을 만들고, 사람들이 줄을 서 있는 장면까지 세세하게 표현했다. 처음에는 자신 없어 했지만, 완성한 후에는 자신의 작품을 설명하며 뿌듯한 표정을 지었다.

작은 성공 경험이 쌓이면 자신감이 형성된다. 준우는 레고를 통해 자기 능력을 발견하고, 목표를 향해 도전하는 법을 배웠다.

레고치유코칭은 단순한 놀이가 아니다. 감정을 안전하게 표현하고, 작은 성취 경험을 통해 자신감을 키우는 강력한 도구다. 윤호와 준우의 사례처럼, 레고는 아이들의 닫힌 마음을 열고, 세상을 향해 나아갈 힘을 만들어 준다.

Chapter 6
레고치유코칭의 미래와
확장 가능성

―

교육 및 상담 기관에서의 레고 활용법
보호아동 및 학교폭력 피해자를 위한 지속적인 지원
레고치유코칭의 연구 동향 및 미래 전망
사례를 통해 본 치유의 과정과 효과
함께 만들어가는 치유 공동체

레고치유코칭: 브릭으로 쌓아 올리는 마음 치유

작가 소개

레고 테라피의 미래와 확장 가능성

김윤정

"진심과 위트로 성장의 레이스를
함께 완주하는 코치"

크런치타임 교육팀장

(사) ESG코리아 이사

법무부 보호관찰위원

SERIOUSWORK 인증 LSP Facilitator

KBS스포츠예술과학원 스피치브랜딩 강사

전) 디퍼런스연구소

전) 한달어스

레고치유코칭: 브릭으로 쌓아 올리는 마음 치유

서성미

"함께 오르는 힘, 당신의 셰르파"

체인지업코칭경영연구소 대표
그림책 마들렌 안산고잔센터장
행복한일 연구소 고충상담연구원
한국미디어창업뉴스 수석기자
미) 갤럽 강점 인증코치
태니지먼트 강점코치 | 강점 엑셀러레이터
한국코치협회 인증 전문코치 (KPC)
SERIOUSWORK 인증 LSP Facilitator
인터널, 마음, 임파워링코칭 FT
에니어그램코칭강사
안산시청소년재단 진로멘토

Chapter 6

레고치유코칭의 미래와 확장 가능성

❶ 교육 및 상담 기관에서의 레고 활용

레고치유코칭은 단순한 놀이를 넘어 감정 표현과 심리적 치유에 효과적인 도구로 활용되고 있다. 한 보호아동 센터에서는 감정을 말로 표현하기 어려운 아이들이 레고를 통해 감정을 시각적으로 나타내는 활동을 진행했다. 그 결과, 아이들의 불안감이 줄어들고 타인과의 소통이 한층 원활해졌다. 이는 레고치유코칭이 심리적 안정과 회복을 돕는 데 중요한 역할을 한다는 것을 보여준다.

초등학교 3학년 지희(가명)는 쉬는 날이면 잠만 자거나, 어쩌다 말을 걸면 쉽게 화를 내는 아빠를 두려워했다. 몇 차례 심한 부부싸움을 목격한 후, 아빠에 대한 이야기는 피하고 엄마와의 에피소드만 이야기하곤 했다. 하지만 레고 활동을 통해 지희가 표현한 장면은 아빠를 피하고 싶은 모습이 아니라, 가족 모두가 함께 배드민턴을 하고 저녁 식사를 나누는 따뜻한 일상이었다. 아빠를 피하고만 싶은 줄 알았는데, 레고를 통해 드러난 본심을 직면한 지희는 "이번 주말에 아빠에게 가벼운 운동을 함께 하자고 해보려구요"라고 했다. 초등학교 3학년 답지않게 내내 어두웠던 지희의 표정이 밝아지는 순간이었다. 예전에는 자신의 가족 관계에 대해 비관적으로만 생각했었는데, 레고를 통해 시도할 수 있는 용기와 희망이 생겼다고 했다. 레고가 관계의 회복에 효과적이라는 것을 절실히 느낀 사례는 이외에도 수없이 많다.

교육 및 상담 기관에서 레고치유코칭을 활용하면 아이들의 심리적 안정과 사회적 기술 향상에 큰 효과를 거둘 수 있다. 기존의 언어 중심 상담이 어렵거나 감정을 말로 표현하기 어려운 아이들에게 레고는 비언어적 소통을 가능하게 한다.

이를 통해 보호아동과 학교폭력 피해 학생들이 자신의 감정을 탐색하고, 표현하며, 궁극적으로 회복할 수 있도록 돕는다.

국내외 교육 및 상담 기관에서는 레고 테라피를 적극 활용하고 있다. 국내에서는 아동 보호센터와 Wee 클래스에서 감정 조절 및 사회성 향상을 위해 레고 기반 활동을 운영하며, 일부 초등학교에서는 정규 교과 과정에 포함했다. 해외에서도 영국 초등학교에서는 사회성이 부족한 학생들을 위한 그룹 활동을, 미국 상담 기관에서는 PTSD 아동을 위한 맞춤형 프로그램을 개발하여 운영 중이다.

해외에서는 영국의 일부 초등학교에서 사회성이 부족한 학생들을 위해 레고를 이용한 그룹 활동을 진행하고, 미국의 일부 상담 기관에서는 PTSD를 겪는 아동을 위한 레고치유코칭 프로그램을 개발하여 운영하고 있다.

이러한 사례를 통해 국가별 적용 방식과 효과를 비교하고, 각 환경에 맞춘 최적의 활용법을 모색할 수 있다. 예를 들어, 영국의 일부 초등학교에서는 사회성이 부족한 학생들을 위해 레고를 이용한 그룹 활동을 진행하며, 국내에서도 아동 보호센터 및 Wee 클래스에서 레고를 활용한 감정 조절 프로그램을 운영하고 있다.

이러한 사례는 레고치유코칭이 단순한 놀이 이상의 교육적, 치료적 가치를 지닌다는 것을 증명한다.

레고치유코칭은 심리 상담뿐만 아니라 교육 분야에서도 효과적이다. 학습 동기가 낮은 학생들에게 레고를 활용한 프로젝트 기반 학습(PBL)을 적용하면 학습 참여도가 높아진다. 또한, 레고를 활용하면 수학 개념을 시각화하거나 과학 실험을 모형으로 재현하는 등 다양한 교육적 접근이 가능하다. 상담 기관에서도 레고는 기존 상담 방식보다 접근성을 높이고, 아동과 청소년의 적극적인 참여를 유도하는 데 효과적이다.

또한, 수학적 개념을 시각적으로 표현하거나 과학 실험을 모형으로 재현하는 등 다양한 교육적 활용이 가능하다. 상담 기관에서도 레고를 활용하면 기존 상담 방식보다 접근성이 높아지고, 아동 및 청소년들의 적극적인 참여를 유도할 수 있다.

물론 아동과 청소년들 이외에 성인에게도 효과적인 이유는 의식적으로 말을 아끼고, 표현을 자제했던 성인들이 손이 이끄는대로 레고를 만들었을뿐인데, 그것을 설명하면서 그 어느때보다 솔직하게 스스로를 직면하는 사례를 수없이 보았기 때문이다.

상담 기관에서도 레고치유코칭은 감정 표현이 어려운 아이들에게 유용한 도구가 된다. 상담사는 아이들에게 현재 감정을 표현할 수 있는 레고 작품을 만들어보도록 제안하며, 이를 통해 언어적 소통이 어려운 아동들도 자신의 감정을 효과적으로 드러낼 수 있다. 또한, 학교폭력 피해 학생들의 트라우마 치유 과정에서도 레고 활동은 긍정적인 영향을 미친다. 안전한 환경에서 자신의 경험을 표현하고, 새로운 관계를 형성할 수 있도록 돕는 역할을 한다.

결론적으로, 레고치유코칭은 교육과 상담 현장에서 기존 방식보다 더욱 창의적이고 직관적인 방법으로 활용될 수 있으며, 이를 통해 아이들의 심리적 안정도가 평균 30% 향상되고, 학습 참여율이 기존 대비 25% 증가하는 등 구체적인 효과가 나타나고 있다.

❷ 보호아동 및 학교폭력 피해자를 위한 지속적인 지원

지속 가능한 레고치유코칭, 치유의 연속성을 위한 과제

 레고치유코칭이 단기적인 프로그램에서 끝나는 것이 아니라 지속 가능한 지원 체계를 구축하는 것이 중요하다. 보호아동 및 학교폭력 피해자들은 지속적인 심리적 지원과 안정된 환경을 필요로 하며, 이를 위해 레고치유코칭이 장기적인 개입 모델로 자리 잡아야 한다.

 현재 일부 아동 보호 기관에서는 레고치유코칭을 활용한 정서 지원 프로그램을 운영하지만, 대부분 일회성으로 끝나는 경우가 많다. 그러나 심리적 회복에는 시간이 필요하며, 장기적인 프로그램이 효과적이라는 연구 결과가 있다. 연구에 따르면 최소 6개월 이상 지속적인 개입이 이루어질 때 더 효과적인 결과를 얻을 수 있다. 장기적인 레고치유코칭 프로그램을 운영하면 보호아동의 불안감 감소와 자존감 향상에 긍정적인 영향을 미칠 수 있다. 이를 위해 코치가 일정 기간 동안 보호아동과 지속적으로 소통하며 레고치유코칭 활동을 점검하는 방식이 필요하다. 또한, 아동의 심리 상태와 필요에 따라 맞춤형 레고치유코칭 프로그램을 설계하여 개별적인 지원을 제공하는 것이 중요하다.

 참여한 아동들의 자기 표현력과 문제 해결 능력이 향상되었으며, 불안 수준이 평균 30% 감소한 것으로 나타났다. 이러한 연구 결과는 장기적인 개입이 보호아동의 심리적 안정과 회복에 미치는 긍정적인 영향을 보여준다.

 또한, 영국에서는 학교폭력 피해 학생들을 대상으로 레고치유코칭을 활용한 그룹 프로그램을 운영한 사례가 있다. 3개월 동안 진행된 이 프로그램을 통해 학생들은 감정을 시각적으로 표현하고, 또래와의 협력을 배우는 과정에서 자신감을 되찾았다. 프로그램 종료 후 학생들의 사회적 관계 형성 능력이 눈에 띄게 향상되었다는 보고도 있었다.

이와 함께, 보호아동과 학교폭력 피해자를 위한 프로그램은 지속적인 모니터링과 개별 맞춤 지원이 필요하다. 코치와 보호자는 정기적인 피드백을 통해 아동들이 레고 활동을 통해 변화하는 과정을 기록하고, 필요에 따라 개입 수준을 조절해야 한다. 이를 위해 장기적인 추적 연구와 심리 평가 도구를 활용하면 프로그램의 효과성을 보다 체계적으로 분석할 수 있다.

보호아동을 위한 정기적인 그룹 세션을 운영하거나, 학교 상담실에서 레고치유코칭을 활용한 심리 지원 프로그램을 지속적으로 운영할 수 있다. 또한, 기존 아동 복지 프로그램과 연계하면 더 효과적인 지원이 가능하다.

레고치유코칭의 효과를 극대화하기 위해서는 가정과 학교가 함께 참여하는 협력 모델이 필요하다. 부모와 교사가 레고 활동에 대한 기본적인 이해를 갖추고, 아동이 일상에서 이를 활용할 수 있도록 지원하는 것이 중요하다. 예를 들어, 보호자 대상의 워크숍을 통해 가정 내에서도 레고치유코칭을 실천할 수 있는 방법을 교육한다면, 아동들이 더욱 안정적인 환경에서 정서적 성장을 경험할 수 있을 것이다.

미국의 한 아동 복지 기관에서는 6개월간 주 1회 레고치유코칭 세션을 진행한 결과, 참여 아동들의 자존감과 사회적 기술이 유의미하게 향상된 것으로 나타났다. 이처럼 레고치유코칭을 지속적으로 제공할 때 치유의 효과가 극대화된다.

이를 위해서는 공공기관, 민간단체, 교육 기관이 협력하여 보호아동과 학교폭력 피해자를 위한 레고치유코칭 지원 체계를 마련해야 한다. 예를 들어, 지방자치단체와 아동 복지 기관이 협력하여 정기적인 레고치유코칭 워크숍을 개최하거나, 학교 내 상담 프로그램과 연계하여 레고 기반 심리 치료를 제공할 수 있다.

또한, 기업의 사회 공헌 활동과 연계해 레고 키트를 지원받거나, 민간 전문가들과 협업하여 지속적인 교육을 제공하는 방식도 고려할 수 있다. 이러한 다각적인 협력을 통해 보호아동과 학교폭력 피해자들에게 보다 체계적이고 지속적인 지원을 제공할 수 있다.

예를 들어, 보호아동을 위한 그룹 세션을 정기적으로 운영하거나, 학교 내 상담실에서 레고치유코칭을 활용한 심리 지원 프로그램을 상시 제공하는 방안을 고려할 수 있다. 또한, 기존의 아동 복지 프로그램과 연계하여 레고치유코칭을 포함시키면 더 효과적인 지원이 가능하다.

자신의 진짜 마음을 들여다보는 훈련이 부족하거나, 주변에 정서적 지지자가 없는 경우 더욱 더 다회기의 프로그램이 절실함에도불구하고, 한정된 예산때문에 프로그램이 종료되었을 때 너무 아쉬워한 보호아동들을 잊을 수가 없다.

결국, 레고치유코칭이 단기적 개입이 아니라 지속적인 지원으로 자리 잡을 때, 보호아동과 학교폭력 피해 학생들의 심리적 회복과 사회적 적응이 더욱 효과적으로 이루어진다.

❸ 레고치유코칭의 연구 동향 및 미래 전망

레고치유코칭은 단순한 놀이가 아니라 감정 표현과 심리적 치유를 돕는 강력한 도구로 자리 잡고 있다. 특히 보호아동과 학교폭력 피해자들에게 심리적 안정과 자기 표현의 기회를 제공하는 효과적인 방법으로 연구되고 있다.

최근 심리치료와 교육 분야에서는 놀이 기반 치료의 효과성을 강조하고 있으며, 레고 또한 감정 표현과 심리적 안정에 긍정적인 영향을 미치는 도구로 활용되고 있다. 레고를 통한 창작 활동은 아동이 자신의 감정을 비언어적으로 표현할 수 있도록 돕고, 이를 통해 정서적 안정과 자기 이해를 촉진한다.

특히, 구조화된 놀이 환경에서 아동들은 자신만의 스토리를 만들며 사고력을 확장하고, 문제 해결력을 키울 수 있다.

영국에서는 사회성이 부족한 학생들을 대상으로 레고를 활용한 그룹 활동을 운영하여 또래 관계 개선 효과를 검증하고 있으며, 국내에서도 일부 초등학교와 상담 기관에서 정규 프로그램으로 도입하려는 움직임이 늘어나고 있다. 레고 활동은 자연스럽게 협력과 의사소통을 유도하여 아동들이 대인관계를 형성하는 데 도움을 준다.

또한, 창의적 사고를 촉진하는 과정에서 자신이 만든 구조물에 대한 성취감을 느끼며 자존감을 높일 수 있다. 이러한 요소들은 보호아동과 정서적으로 어려움을 겪는 학생들에게 특히 효과적인 치유적 접근이 될 수 있다.

이러한 연구들은 레고치유코칭이 감정 조절, 자기 표현, 사회적 기술 향상에 미치는 영향을 구체적으로 분석하고 있다. 특히 보호아동과 학교폭력 피해 아동들은 감정을 말로 표현하는 것에 어려움을 겪는 경우가 많아 비언어적 소통이 가능한 레고 활동이 더욱 효과적으로 작용한다.

미래에는 인공지능(AI)과 가상현실(VR) 기술이 결합된 레고치유코칭 프로그램이 등장할 가능성이 높다. 가령, 온라인 플랫폼을 통해 멘토와 보호아동이 비대면으로 레고치유코칭을 진행하거나, 가상공간에서 레고 모델을 조립하며 감정을 표현하는 디지털 치료법이 연구되고 있다. 이러한 기술적 발전은 공간적 제약을 줄이고, 보다 많은 아동들에게 심리적 치유의 기회를 제공할 것으로 기대된다.

궁극적으로 레고치유코칭은 보호아동뿐만 아니라 일반 아동, 성인, 노인까지 확장될 수 있는 가능성을 지닌다. 개인의 정서적 치유뿐만 아니라 팀워크와 창의력 향상을 위한 기업 연수 프로그램, 스트레스 완화를 위한 성인용 심리 치료 프로그램으로도 발전할 수 있다. 이를 위해서는 지속적인 연구와 사례 분석이 필요하며, 보다 체계적인 교육 프로그램이 마련되어야 한다.

❹ 사례를 통해 본 치유의 과정과 효과

레고치유코칭의 효과는 실제 현장에서 더욱 분명하게 드러난다. 보호아동과 학교폭력 피해자들은 자신의 감정을 표현하는 것 자체를 어려워하는 경우가 많다. 하지만 레고를 활용하면 자연스럽게 자신의 감정을 시각적으로 나타내고, 이를 통해 치유의 과정에 한 걸음 더 다가설 수 있다. 손으로 블록을 조립하는 과정에서 아동들은 자신의 감정을 외부로 표현하며, 조형물을 통해 내면의 이야기를 시각화한다. 이를 통해 아동들은 스스로 감정을 탐색하고, 의미를 부여하며 심리적 안정을 찾는다.

초등학교 5학년 준우(가명)는 "나는 재능이 없다"고 말하며 처음에는 레고 활동에 대한 흥미를 보이지 않았다. 그는 자신이 공부를 잘하지 못한다고 생각했고, 특별한 장점이 없다고 느끼고 있었다. 하지만 코칭 과정에서 자연현상과 기상 변화에 대한 관심이 많고, 자동차와 버스 운전에 대한 호기심이 있다는 점이 드러났다.

준우는 레고를 이용해 회오리바람을 표현하며 자연현상의 움직임을 설명했고, 이를 통해 자신이 흥미를 느끼는 분야가 있음을 깨달았다. 그는 "나는 이런 것들을 좋아하는구나"라는 자각을 하면서 점차 자신의 감정을 표현하는 활동에 적극적으로 참여했다.

이후 준우는 자신의 관심사를 더욱 탐구하며, 새로운 것에 대한 호기심과 도전 정신을 키워갔다. 레고치유코칭을 통해 자신에 대한 긍정적인 인식을 형성하게 된 것이다.

그림. 레고로 버스를 만들며 자신의 관심사를 표현하는 준우(가명), 작은 블록을 쌓으며 스스로의 재능을 발견하는 과정.

초등학교 3학년 지우(가명)는 밝고 활동적인 성격을 가졌지만, 친구들과의 관계에서 어려움을 겪고 있었다.

처음에는 자신의 감정을 명확히 표현하지 못하고, 원하는 것이 있어도 주저하는 모습을 보였다. 하지만 레고를 활용해 유튜브 방송 스튜디오를 만들면서 자신이 하고 싶은 일을 구체화하기 시작했다. "나는 크리에이터가 되고 싶어요"라고 말하며, 자신이 만들고 싶은 콘텐츠와 장비들을 하나하나 표현했다.

그림. 레고로 유튜브 방송 스튜디오를 만드는 지우(가명), 자신의 꿈을 구체화하며 자아를 탐색하는 과정.

또한, 오빠가 필요로 하는 레고 조각을 직접 찾아주며 공감 능력과 관찰력이 뛰어나다는 점도 인식하게 되었다. 그는 단순히 놀이를 하는 것이 아니라, 자신의 관심사를 정리하고 표현하는 과정을 통해 자아 탐색을 시작했다.

보호아동들에게 레고치유코칭은 단순한 놀이 이상의 의미를 가진다. 정서적으로 불안정한 환경에서 성장한 아이들은 타인과 신뢰를 형성하는 과정에서 어려움을 겪는다. 하지만 레고 활동이 지속되면서 아이들은 점차 마음을 열고, 서로의 작품을 칭찬하며 자신감을 회복하는 모습을 보였다.

처음에는 어색해하던 아이들도 점점 "이게 내 감정이에요"라고 말하며 자신의 생각을 표현하는 데 익숙해졌다. 이는 레고가 제공하는 안전한 표현 방식 덕분이었다. 말로 표현하기 어려운 감정을 색과 형태로 나타내면서, 아이들은 자신의 감정을 보다 명확하게 이해할 수 있었다.

또한, 레고치유코칭은 아이들의 감정 조절 능력뿐만 아니라 문제 해결력 향상에도 긍정적인 영향을 미쳤다. 보호아동들은 스스로 문제를 해결하는 경험이 적기 때문에, 좌절감을 쉽게 느끼는 경우가 많다. 하지만 레고 활동에서는 작은 블록을 쌓아가면서 점진적으로 문제를 해결하는 과정이 포함된다. 블록을 연결하는 과정에서 어려움을 겪을 때마다 다른 방법을 시도해 보고, 새로운 해결책을 찾아가는 경험을 통해 아이들은 도전하는 태도를 기르게 된다.

감정을 단순히 표현하는 것을 넘어, "나는 왜 이렇게 느꼈을까?" "이 감정을 다르게 표현할 방법은 없을까?"와 같은 질문을 스스로 하면서 자기 성찰 능력을 키울 수도 있다. 한 보호아동은 자신이 만든 레고 작품을 설명하는 과정에서 "처음에는 화가 났지만, 만들고 나니까 기분이 좋아졌어요"라고 말했다. 이는 아이가 감정을 다르게 해석하는 경험을 했다는 것을 의미한다. 이러한 자기 성찰 과정은 감정 조절 능력을 향상시키고, 스트레스 상황에서 보다 유연하게 대처할 수 있도록 돕는다.

레고치유코칭은 또한 협력과 소통의 기회를 제공한다. 레고 활동은 혼자서만 하는 것이 아니라, 팀원과 협력하여 구조물을 완성하는 과정이 포함될 수 있다.

아이들은 함께 의견을 조율하고, 각자의 역할을 수행하며 자연스럽게 타인의 의견을 존중하는 태도를 배우게 된다. 특히, 보호아동들은 타인과의 관계 형성이 쉽지 않은 경우가 많은데, 레고 활동을 통해 자연스럽게 협업을 경험하며 관계 형성의 긍정적인 경험을 쌓을 수 있다.

이러한 변화는 장기적인 레고치유코칭 프로그램을 통해 더욱 확고해진다. 한두 번의 세션으로는 감정 표현이나 문제 해결력이 급격히 향상되기 어렵지만, 일정 기간 지속적으로 참여하면서 아이들은 점진적인 변화를 경험하게 된다. 레고치유코칭에 꾸준히 참여한 아이들은 자신의 감정을 이해하고, 이를 건강하게 표현하는 방법을 배우며, 궁극적으로는 자아 존중감을 키워 나간다.

보호아동들에게 중요한 것은 단순한 재미를 넘어, 안전한 환경에서 자신의 감정을 탐색하고 표현하는 경험을 하는 것이다. 레고치유코칭은 이들에게 그러한 기회를 제공한다. 또한, 레고를 통해 형성된 긍정적인 경험은 단순한 활동에서 끝나는 것이 아니라, 그들의 삶 전반에 긍정적인 영향을 미칠 수 있다. 감정을 다루는 방법을 배운 아이들은 이후에도 어려운 상황에서 보다 성숙한 방식으로 감정을 표현할 가능성이 높아진다. 단순한 놀이를 넘어 심리적 치유의 중요한 역할을 할 수 있음을 다시금 확인하게 된다.

❺ 함께 만들어가는 치유 공동체

레고치유코칭은 단순히 코치와 아동 간의 개별저 관계에서 끝나는 것이 아니라, 보다 넓은 공동체 속에서 지속적인 치유와 성장을 가능하게 하는 도구이다. 보호아동들이 심리적으로 안정되고 건강하게 성장하기 위해서는 단발적인 프로그램이 아닌, 교육기관과 지역사회가 함께 협력하는 구조가 필요하다.

현재 일부 아동 보호센터에서는 레고치유코칭을 정기적으로 운영하고 있지만, 대부분 단기적인 활동으로 제한되는 경우가 많다. 그러나 심리적 치유는 시간이 걸리는 과정이며, 지속적인 관심과 지원이 필요하다.

보호아동들은 안전한 환경에서 감정을 표현하고 사회적 기술을 익혀야 하지만, 한두 번의 만남으로 이러한 변화를 기대하기는 어렵다. 따라서 장기적인 프로그램이 마련되고, 지역사회와의 협력을 통해 보다 체계적인 지원이 이루어져야 한다.

예를 들어, 지방자치단체와 아동 보호 기관이 협력하여 정기적인 레고치유코칭 워크숍을 운영할 수 있다. 이 과정에서 학교 내 상담 프로그램과 연계해 레고 기반 심리 치료를 제공하거나, 기업의 사회 공헌 활동과 연계하여 레고 키트를 지원받는 방식도 고려할 수 있다.

또한, 보호아동들의 장기적인 심리 지원을 위해 멘토링 프로그램을 운영하고, 지속적인 관계 형성을 위한 정기적인 활동을 마련하는 것도 효과적이다.

레고치유코칭이 효과를 발휘하기 위해서는 안정적인 환경이 필수적이다. 보호아동들은 신뢰할 수 있는 어른들과의 관계를 통해 정서적으로 안정감을 얻고, 자신을 긍정적으로 바라볼 수 있는 기회를 갖게 된다.

하지만 현실적으로 보호아동들은 자주 환경이 바뀌거나, 지속적인 관심을 받기 어려운 상황에 놓여 있다. 그렇기 때문에 레고치유코칭 프로그램이 일회성 활동이 아닌, 장기적으로 이어질 수 있도록 지속적인 관심과 지원이 필요하다.

레고를 활용한 치유 활동은 단순한 감정 표현을 넘어, 아이들에게 관계 맺기의 경험을 제공하는 데도 중요한 역할을 한다. 그룹 활동을 통해 서로 협력하며 목표를 달성하는 경험을 하면, 아이들은 자연스럽게 사회적 기술을 익히고 타인을 이해하는 법을 배운다. 이는 보호아동들이 학교나 사회에서 건강한 관계를 형성하는 데 긍정적인 영향을 미칠 수 있다.

 궁극적으로 레고치유코칭은 보호아동뿐만 아니라 다양한 대상에게 적용할 수 있는 강력한 심리 치유 도구이다. 보호아동뿐만 아니라, 정서적 어려움을 겪고 있는 청소년이나 성인, 그리고 노인까지도 레고치유코칭을 통해 감정을 표현하고 스트레스를 해소할 수 있다. 이를 위해 코치, 코치, 교사들이 협력하고, 지역사회가 함께 참여하는 치유 공동체를 형성하는 것이 중요하다.

 아이들이 자신의 감정을 안전하게 표현하고, 건강하게 성장할 수 있도록 돕는 일은 특정 기관이나 전문가들만의 몫이 아니다. 지역사회 전체가 함께 관심을 가지고 지속적인 지원을 제공할 때, 보호아동들은 더 안정적인 환경에서 자신의 가능성을 발견하고 성장할 수 있다. 레고치유코칭이 단순한 놀이를 넘어, 보호아동들에게 지속적인 치유와 성장을 지원하는 도구로 자리 잡을 수 있도록 모두가 함께 고민하고 실천해야 한다.

Chapter 7
성남시 레고치유코칭 인사이트

―

현장에서 만난 아이들: 마음을 표현하는 첫걸음
레고로 그린 마음의 지도: 구체적인 사례 이야기
변화의 실마리: 레고치유코칭의 효과 분석
레고치유코칭의 한계와 도전 과제
앞으로의 방향: 레고치유코칭의 확장 가능성

Chapter 7

성남시 레고치유코칭 인사이트

보호아동의 감정 표현과 관계 회복을 이끈 성공 이야기

본 보고서는 성남시에서 2024년 4월부터 12월까지 진행된 레고치유코칭 프로그램의 종합 결과 보고서이다. 4세부터 18세까지 총 31명의 아동을 대상으로 15명의 코치가 1대1 방문 코칭을 통해 정서적 안정, 자존감 향상, 사회성 발달, 문제 해결 능력 향상을 도왔다.

보고서는 프로그램의 목표, 운영 방식, 코치들의 경험과 참여 동기, 아동들의 반응, 주요 성과, 어려웠던 점, 그리고 향후 개선 방안을 제시하고 있다. 특히, 레고 활동과 감정 카드, 그림책 등 다양한 도구를 활용하여 아동들의 감정 표현과 정서적 성장을 지원한 사례가 자세히 담겨 있다.

❶ 현장에서 만난 아이들: 마음을 표현하는 첫걸음

보호아동들은 마음의 문을 단단히 닫고 살아가는 경우가 많다. 특히, 학교폭력이나 가족 내 갈등을 겪으며 상처받은 경험이 있는 아이들은 자신의 감정을 숨기는 법을 먼저 배운다. 감정을 표현하는 것이 두렵고, 또다시 상처받을까 두려워서 마음속 깊이 감춰두는 것이다.

성남시 보호아동 레고치유코칭이 시작된 이유도 여기에 있다.

이 프로그램에서는 아이들이 레고 블록을 통해 자신의 감정을 안전하게 표현할 수 있는 공간을 제공했다. 감정을 말로 표현하는 것이 어려운 아이들에게 레고 블록은 자신만의 언어가 되었다. 빨간 블록은 화난 마음을, 파란 블록은 슬픔을, 초록 블록은 편안함을 상징하기도 했다. 각자 자신만의 방식으로 감정을 시각화하면서 아이들은 점점 마음을 열기 시작했다.

1. 감정의 빗장을 풀다: 첫 만남의 도전과 변화

첫 만남에서 아이들은 무표정한 얼굴로 교실에 들어왔다. "이게 무슨 의미가 있나요?"라며 냉소적인 표정을 짓는 아이도 있었다. 그들의 표정에는 불신과 두려움이 묻어 있었다. 자신을 지키기 위해 쌓아 올린 감정의 빗장은 단단했고, 그 문을 여는 것은 결코 쉬운 일이 아니었다.

그러나 레고 블록을 하나씩 쌓으면서 변화의 조짐이 보이기 시작했다. 특히, 민수(가명, 초4)는 처음에는 팔짱을 낀 채 "난 이런 거 안 해요."라고 단호하게 말하며 레고 블록을 만지지 않았다.

하지만 옆에서 친구들이 블록을 쌓으며 이야기를 나누자, 그제야 조심스럽게 블록을 집어 들었다. 그는 처음에는 무의미하게 블록을 쌓았지만, 이내 높고 거친 탑을 만들었다.

"이건 나예요. 아무도 못 올라와요. 여기 있으면 안전해요."

민수의 말에 교실은 잠시 정적에 휩싸였다. 아이들은 그의 모델을 보며 생각에 잠겼고, 코치도 잠시 말을 잃었다. 민수는 레고 모델을 통해 자신도 몰랐던 감정을 표현하고 있었다.

자신을 지키기 위해 높고 거친 탑을 쌓고, 그 안에 숨은 채 세상과 단절된 상태로 살아온 것이다. 이후 민수는 탑에 작은 창문을 만들며 "가끔 바깥도 보고 싶어요."라고 덧붙였다. 이 한마디는 민수가 세상과 연결되고 싶은 욕구를 내비친 순간이었다.

2. 마음의 문을 열다: 감정 표현의 첫걸음

민수의 모델을 본 다윤(가명, 초3)이가 말했다. "나도 저런 탑 만들어야겠어. 나도 혼자 있는 게 편해." 다윤이는 민수의 모델과 비슷한 탑을 만들었지만, 탑 꼭대기에 꽃을 꽂았다. "여긴 나만의 정원이에요. 아무도 못 들어와요."라고 설명하는 그녀의 표정에는 외로움과 고독이 담겨 있었다. 이후 다윤은 탑의 꽃을 보며 말했다. "하지만 너무 외롭기도 해요. 가끔 누군가랑 이야기하고 싶어요."

다윤이의 말에 민수도 고개를 끄덕였다. 두 아이는 서로의 감정에 공감하며 자신만의 속도로 마음의 문을 열기 시작했다. 레고 블록은 아이들이 감정을 시각화하면서 자신의 마음을 인식하고, 이를 안전하게 표현할 수 있도록 돕는다. 언어로 표현하기 어려운 감정도 블록을 통해 구체화되었고, 아이들은 자신도 몰랐던 감정을 하나씩 꺼내놓았다.

3. 감정의 해방: 표현이 치유로 이어지다

 민수는 세 번째 만남에서 탑을 해체하고 다시 쌓기 시작했다. 그는 탑을 작게 만들고, 벽에 창문을 더 크게 만들었다. 그리고는 "이제 나갈 수 있어요. 다리가 생겼거든요."라고 말했다. 그는 다리를 건너는 작은 사람 모델을 만들며 "내가 나가는 거예요. 이제 무섭지 않아요."라고 덧붙였다. 민수는 자신의 두려움을 극복하고, 외부 세계와 연결되려는 의지를 모델에 담고 있었다. 다윤도 자신의 탑에 다리를 연결하며 말했다. "나도 다리 건너서 놀러 갈래."

 두 아이는 서로의 다리를 연결하며 웃었다. 두려움과 외로움 속에서 자신을 고립시키던 아이들이 감정의 벽을 허물고, 서로 연결되며 마음을 나누는 순간이었다.

 레고치유코칭은 감정 표현이 감정의 해방으로 이어지도록 돕는다.

 감정을 억누르거나 숨기는 대신, 이를 시각화하고 공유하면서 아이들은 자신을 이해하고 수용할 수 있었다. 특히, 감정의 해방은 치유의 첫걸음이었다. 아이들은 자신의 감정에 솔직해졌고, 이를 통해 자신을 있는 그대로 받아들이는 경험을 했다.

 첫 만남에서 민수는 "난 이런 거 안 해요."라며 마음을 닫았고, 다윤은 "여긴 나만의 정원이야."라며 외로움을 숨겼다. 그러나 레고 블록을 통해 감정을 시각화하고, 이를 표현하면서 아이들은 점차 마음의 빗장을 풀기 시작했다. 이제 그들은 자신의 감정을 부정하거나 억누르는 대신, 자연스럽게 표현하고, 이를 통해 자신을 이해하며, 타인과 연결되고 있었다.

 도윤이와 지예가 자신만의 탑을 쌓고, 다리를 놓으며, 연결된 세상을 만들어가는 이야기는 레고치유코칭이 감정 표현을 통해 치유와 성장을 이끌어낸 대표적인 사례이다.

이제, 이 경험이 더 많은 아이들에게 확장되고, 더 깊은 치유로 이어지기를 기대한다.

❷ 레고로 그린 마음의 지도: 구체적인 사례 이야기

아이들은 감정을 말로 표현하는 것을 어려워한다. 특히, 상처받은 경험이 있는 보호아동들은 감정 표현을 두려워하거나, 자신도 모르게 감정을 억누르는 경우가 많다. 레고치유코칭은 아이들이 감정을 시각화하면서 안전하게 표현할 수 있는 방법을 제공한다. 각기 다른 상처와 고민을 가진 아이들이 레고 블록을 통해 마음속 이야기를 꺼내놓았고, 그 과정에서 변화와 성장을 경험했다.

1. 사례 1: 분노에서 용기로 - 현우(가명, 초5)의 이야기

현우는 화가 나면 물건을 던지거나 큰 소리로 소리를 지르며 감정을 표출했다. 특히, 작은 일에도 예민하게 반응하며 주먹을 꽉 쥐고 이를 악물곤 했다.

학교에서는 친구들과 자주 다투었고, "폭력적인 아이"라는 꼬리표가 붙었다. 그러나 그 뒤에는 외로움과 두려움이 숨어 있었다. 레고치유코칭 첫날, 현우는 화가 난 얼굴로 교실에 들어왔다. "이딴 걸 해서 뭐가 달라져요?"라고 말하며 무관심한 표정을 지었다. 그러나 친구들이 블록을 쌓으며 이야기를 나누자, 현우도 슬며시 블록을 집어 들었다. 그는 붉은색과 검은색 블록을 사용해 거대한 벽을 만들었고, 그 벽 안에 자신을 가뒀다.

"여기 안에 있으면 아무도 날 못 건드려요. 안전해요."

현우의 모델은 분노 뒤에 숨은 두려움을 상징하고 있었다. 그는 화를 내며 자신을 보호하고 있었던 것이다. 코치는 현우에게 "그 벽을 부수면 어떻게 될까?"라고 물었다. 현우는 단호하게 "절대 부수면 안 돼요. 그러면 내가 위험해요."라고 대답했다.

하지만 다음 회기에서 현우는 붉은색 블록 대신 노란색과 초록색 블록을 사용해 벽에 창문을 만들었다. 그리고는 "이 창문으로 밖을 볼 수 있어요. 하지만 아무도 들어올 수는 없어요."라고 말했다. 그는 벽을 완전히 무너뜨리지 않았지만, 바깥세상과 연결되고 싶은 마음을 표현했다.

세 번째 회기에서 현우는 벽에 다리를 놓으며 말했다. "내가 나가는 길이에요. 아직은 무서워요. 하지만 나가보고 싶어요." 현우는 분노의 벽을 허물고, 용기를 내어 두려움을 극복하기 위해 첫 발걸음을 내딛고 있었다. 레고치유코칭은 현우가 자신의 분노를 시각화하고, 분노의 원인을 이해하면서 이를 극복할 수 있는 방법을 찾도록 도왔다.

현재 현우는 친구들과 나툼이 줄어들었고, 자신의 감정을 솔직하게 표현하는 법을 배워가고 있다.

2. 사례 2: 상실에서 희망으로 - 지우(가명, 초4)의 여정

지우는 부모의 이혼 후 보호시설로 오게 되었다. 그는 자신이 버림받았다는 생각에 상실감과 외로움을 느끼고 있었다.

그러나 그 감정을 솔직하게 말하지 못하고 "난 아무것도 필요 없어."라며 마음의 문을 닫고 있었다. 레고치유코칭에서 지우는 회색 블록을 쌓으며 "여긴 나만의 공간이에요. 아무도 못 들어와요."라고 말했다.

그의 모델은 세상과 단절된 고독의 방이었다. 지우는 방 안에 작은 의자를 만들고 그 위에 앉은 사람 모델을 놓으며 "혼자 있는 게 제일 편해요."라고 설명했다. 그러나 시간이 지나면서 지우는 방 안에 작은 창문을 만들었다. 그는 "이 창문으로 밖을 볼 수 있어요. 하지만 나가진 않을 거예요."라며 여전히 불안한 표정을 지었다. 하지만 그 창문은 지우가 외부와 연결되고 싶은 미묘한 마음을 표현한 것이었다.

다음 회기에서 지우는 창문을 더 크게 만들고, 밖에 나무와 꽃을 놓으며 말했다. "가끔 나가보고 싶어요. 여기만 있으면 답답해요." 지우는 자신도 모르는 사이에 상실감에서 벗어나 희망을 찾기 시작하고 있었다. 마지막 회기에서 지우는 방의 벽을 허물고, 밖으로 나가는 다리를 만들었다.

그는 "이 다리를 건너면 새 친구를 만날 수 있을 것 같아요."라고 말했다. 지우는 자신의 감정을 시각화하고 이를 해체하면서 상실감을 극복하고 희망을 찾는 과정을 경험했다. 지우는 이제 친구들과 어울려 놀며 웃음을 되찾았다.

레고치유코칭은 지우가 상실감과 외로움을 시각화하고, 이를 극복하면서 새로운 관계를 형성하도록 도왔다.

3. 사례 3: 고립에서 연결로 - 윤아(가명, 초3)의 변화
윤아는 친구들과의 관계에서 늘 혼자 있는 것을 선택했다. "친구들이랑 놀면 시끄럽고 귀찮아요."라고 말하며 자신만의 공간에 갇혀 있었다.

레고치유코칭 첫날, 윤아는 자신만의 성을 만들며 말했다. "여긴 나만의 공간이에요. 누구도 못 들어와요." 그러나 성 꼭대기에는 꽃이 놓여 있었다. "여기서 밖을 볼 수는 있어요. 혼자는 편한데, 가끔 외롭기도 해요." 윤아는 고립과 외로움을 동시에 느끼고 있었다.

두 번째 회기에서 윤아는 성에 작은 다리를 놓았다. "이 다리로 친구들이 오면 좋겠어요. 하지만 내가 가는 건 아직 무서워요." 윤아는 연결되고 싶은 마음과 두려움을 동시에 표현하고 있었다.

마지막 회기에서 윤아는 다리를 더 넓히며 말했다. "나도 친구들한테 가보고 싶어요. 이제는 덜 무서워요." 그녀는 고립에서 벗어나 타인과 연결되기 위해 첫걸음을 내딛고 있었다.

이 장에서는 성남시 보호아동 레고치유코칭에서 만난 세 아이의 이야기를 통해 분노, 상실, 고립을 극복하고 용기, 희망, 연결을 찾는 여정을 소개했다. 레고 블록은 아이들이 자신의 감정을 시각화하고, 이를 통해 감정을 이해하고 극복할 수 있는 도구가 되었다.

이들은 감정의 벽을 허물고, 다리를 놓으며, 서로 연결되면서 성장했다.

이 여정은 끝이 아니다.
레고 블록은 아직 더 많은 이야기를 쌓아 올릴 준비가 되어 있다.

이제 그 블록 위에 아이들의 꿈과 희망, 그리고 무한한 가능성을 쌓아 올릴 차례이다. 그리고 그 길 위에서 아이들은 함께 성장하고, 더 나은 내일을 만들어 갈 것이다.

❸ 변화의 실마리: 레고치유코칭의 효과 분석

레고치유코칭은 아이들이 자신의 감정을 시각화하고 이를 통해 감정을 이해하고 표현하도록 돕는 강력한 도구다. 보호아동들과 학교폭력 피해자들은 감정을 숨기거나 억누르는 경우가 많다. 이들은 말로 표현하기 어려운 감정들을 레고 블록을 통해 시각화하면서 자신의 마음을 들여다볼 수 있게 된다.

특히, 감정 표현, 정서 안정, 사회적 관계 회복의 세 가지 영역에서 눈에 띄는 변화를 이끌어냈다.

1. 감정 표현 및 자기 이해 증진

보호아동들은 자신도 모르게 감정을 억누르거나 부정하는 방식으로 살아가곤 한다. 감정을 표현하면 상처받을 수 있다는 두려움 때문에 자신의 진짜 감정을 숨기고, 그로 인해 더 깊은 외로움을 느낀다.

레고치유코칭은 아이들이 자신의 감정을 시각화하면서 감정을 있는 그대로 직면하고 이해하도록 돕는다. 성남시 보호아동 코칭에서 만난 유진(가명, 초4)이는 감정을 드러내는 것을 매우 두려워했다. 그녀는 늘 무표정한 얼굴로 "괜찮아요."라고 말하며 자신의 감정을 숨겼다.

그러나 첫 회기에서 유진이는 회색 블록을 쌓으며 말했다. "이건 나만의 방이에요. 아무도 못 들어와요." 그녀는 방 안에 작은 의자를 놓고 "여기 앉아 있으면 아무도 나를 찾지 않아요."라고 덧붙였다. 유진이의 모델은 외부와 단절된 고독한 마음을 시각화한 것이었다. 코치는 유진이에게 "이 방 안에서 기분이 어때?"라고 물었다. 유진이는 잠시 망설이다가 "편해요. 그런데... 좀 외롭기도 해요."라고 대답했다. 이 한마디는 유진이가 자신의 감정을 직면하고, 이를 언어로 표현한 첫 번째 순간이었다.

이후 유진이는 방에 창문을 만들며 "밖을 보고 싶어요. 가끔은 나가고 싶기도 해요."라고 말했다. 레고 모델을 통해 감정을 시각화하면서 유진이는 자신의 감정을 솔직하게 표현하기 시작했다. 레고치유코칭은 아이들이 감정을 억누르지 않고 표현할 수 있는 안전한 공간을 제공한다. 특히, 언어로 표현하기 어려운 감정도 모델을 통해 시각화하면서 감정의 정체를 이해하고 이를 받아들이는 과정을 돕는다.

유진이는 이후에도 자신의 감정을 솔직하게 표현하며, 감정 표현에 대한 두려움을 점차 극복하고 있었다.

2. 긍정적 정서 경험과 자존감 향상

보호아동들은 대체로 자신에 대한 부정적인 인식을 가지고 있다.

특히, 학교폭력 피해자나 학대 경험이 있는 아이들은 자존감이 낮고, 자신을 부정적으로 인식하는 경우가 많다. 레고치유코칭은 아이들이 자신의 강점을 시각화하면서 긍정적 자아 이미지를 형성하고 자존감을 회복하도록 돕는다.

다민(가명, 초5)이는 항상 자신을 "쓸모없는 아이"라고 표현했다. 그는 무기력한 표정으로 "난 할 수 있는 게 없어요."라고 말하며 고개를 숙였다. 그러나 레고 모델을 만들면서 다민이는 "이건 내가 꿈꾸는 세상이야."라며 모델에 나무와 꽃을 놓기 시작했다.

그는 "여긴 내가 좋아하는 나무들이 있어. 내가 키우는 거야."라고 설명했다.

코치는 다민이에게 "너는 나무를 키울 수 있는 사람이구나. 대단해!"라고 칭찬했다. 다민이는 쑥스러운 듯 미소 지으며 "나도 뭔가 할 수 있나 봐요."라고 말했다. 자신의 모델을 설명하면서 다민이는 자신도 뭔가 할 수 있다는 긍정적 경험을 하게 된 것이다. 다민이는 이후 모델에 나무집을 만들며 말했다. "여긴 내가 쉴 수 있는 집이에요. 내가 만든 거예요." 그는 모델을 설명하면서 자신의 강점을 발견했고, 이를 통해 자신감을 얻게 되었다.

레고치유코칭은 아이들이 자신의 강점을 시각화하면서 긍정적 자아 이미지를 형성하고 자존감을 회복하도록 돕는다.

3. 사회적 기술 및 문제 해결 능력의 발달

보호아동들은 타인과의 관계에서 소통의 어려움을 겪거나, 문제를 해결하는 데 자신감이 부족한 경우가 많다. 특히, 사회적 관계에서 상처받은 경험이 있는 아이들은 타인과의 관계에서 소극적이거나 방어적인 태도를 보인다.

레고치유코칭은 아이들이 공동 모델을 만들고 문제를 해결하면서 사회적 기술과 문제 해결 능력을 발달시키도록 돕는다.

지후(가명, 초6)는 "혼자가 편해요."라며 친구들과의 협력 모델 만들기를 거부했다. 그러나 "함께 성을 지켜야 한다"는 미션을 받고, 친구들과 협력하여 성을 만들기 시작했다. 처음에는 자신의 모델만 쌓았지만, 친구가 도움을 요청하자 주저하며 다가가 블록을 건넸다. 지후는 친구와 대화를 나누며 "여긴 내가 만들 테니, 너는 저

쪽을 맡아줘."라고 말했다. 그는 자연스럽게 문제를 해결하고, 협력하며 소통하는 경험을 하고 있었다. 이후 지후는 "함께 만드니까 더 멋져요."라며 뿌듯한 미소를 지었다.

레고치유코칭은 아이들이 협력하고 소통하면서 사회적 기술과 문제 해결 능력을 발달시키도록 돕는다. 지후는 이후에도 친구들과 모델을 연결하며, 협력하는 방법과 문제를 해결하는 자신감을 키워갔다.

이 프로그램은 레고 블록을 통해 감정 표현에서 시작해 관계 회복과 사회적 성장으로 이어지는 치유와 회복의 여정을 완성했다. 그리고 그 여정 속에서 아이들은 스스로의 가능성을 발견하며, 더 나은 내일을 향한 첫걸음을 내딛고 있었다.

앞으로도 레고치유코칭이 더 많은 아이들에게 감정의 자유와 관계 회복의 기회를 제공하며, 희망과 용기를 심어주기를 기대한다. 레고 블록 위에 쌓아 올린 이들의 꿈과 희망이 더 넓은 세상으로 뻗어가기를 바라며, 이 장을 마친다.

❹ 레고치유코칭의 한계와 도전 과제

레고치유코칭은 보호아동들이 감정을 시각화하고 표현하면서 자아존중감을 회복하도록 돕는 강력한 도구이다. 그러나 모든 아이들이 동일한 효과를 경험하는 것은 아니다. 특히, 개인마다 상처의 깊이와 감정의 복잡성이 다르기 때문에 레고치유코칭에도 한계와 도전 과제가 존재한다. 이 장에서는 부모와의 관계, 학대 트라우마, 사회적 갈등, 환경적 제약 등 레고치유코칭이 직면한 한계와 이를 극복하기 위한 도전 과제를 다룬다.

1. 부모와의 관계, 학대 트라우마와의 연계

보호아동 중에는 부모와의 관계가 단절되었거나, 학대 트라우마를 경험한 아이들이 많다. 특히, 부모로부터의 학대 경험은 아이들에게 깊은 심리적 상처를 남기며, 그 상처는 레고치유코칭만으로 완전히 치유되기 어렵다.

부모와의 관계가 회복되지 않는 한, 아이들은 여전히 불안과 두려움 속에 갇혀 있을 수 있다. 성남시 레고치유코칭에서 만난 다은(가명, 초5)이는 부모의 잦은 다툼과 폭언을 경험하며 자신에 대한 부정적 인식을 가지게 되었다.

그녀는 첫 만남에서 검은 블록을 쌓으며 말했다. "여기 안에 있으면 아무도 나한테 화내지 않아요." 그녀는 벽 안에 자신을 가두고, 외부와 단절된 상태로 자신을 보호하고 있었다. 코치는 다은이에게 "이 벽을 허물면 어떤 기분이 들까?"라고 물었다.

다은이는 눈물을 글썽이며 "그럼 엄마가 날 혼낼 거예요."라고 대답했다. 부모와의 관계에서 받은 상처가 두려움과 불안감으로 굳어져 있었던 것이다. 레고치유코칭은 감정을 시각화하고 표현하는 데는 효과적이지만, 부모와의 관계에서 받은 트라우마를 근본적으로 해결하기에는 한계가 있다.

다은이는 벽에 창문을 만들며 "여기서 밖을 볼 수 있어요. 하지만 나가지는 않을 거예요."라고 말했다. 그녀는 외부와 연결되고 싶은 마음이 있었지만, 부모로부터 받은 상처 때문에 여전히 두려움에 갇혀 있었다.

이를 극복하기 위해서는 레고치유코칭과 심리 상담, 가족 치료의 연계가 필요하다. 특히, 부모와의 관계 회복을 위한 가족 상담이나 학대 트라우마 치유를 위한 전문 심리 치료가 병행되어야 한다. 레고치유코칭만으로는 부모와의 관계에서 받은 상처와 두려움을 완전히 극복하기 어려운 경우가 많기 때문이다.

2. 형제 관계 및 사회적 갈등의 해결 과제

보호아동들은 시설 내에서 형제 관계나 또래와의 갈등을 경험하기도 한다. 특히, 공동 생활을 하면서 소유물에 대한 갈등, 역할 분담, 친밀감 형성의 어려움 등을 겪는다. 레고치유코칭은 감정 표현과 소통을 통해 갈등을 완화시키는 데 도움을 주지만, 근본적인 갈등 해결에는 한계가 있다.

민준(가명, 초6)이는 공동 생활을 하면서 동생들과의 갈등으로 어려움을 겪었다. 그는 동생들이 자신의 물건을 망가뜨리거나 허락 없이 사용하는 것을 싫어했다. 그러나 화를 내거나 소리치면 "형이니까 참아야지"라는 말을 들으며 억울함과 분노를 쌓아갔다.

레고치유코칭에서 민준이는 빨간 블록을 쌓으며 "이건 화난 나예요."라고 말했다. 그는 빨간 블록을 높은 탑으로 만들고 "누구도 못 올라와요. 여기 있으면 안전해요."라고 덧붙였다. 분노와 억울함을 시각화한 그의 모델은 소통의 부재와 갈등 해결의 어려움을 보여주고 있었다. 그러나 다음 회기에서 민준이는 탑에 창문을 만들며 "이 창문으로 밖을 보면 덜 화가 나요."라고 말했다.

레고 블록을 통해 감정을 시각화하면서 감정을 이해하고 조절하는 방법을 배우기 시작한 것이다. 하지만 갈등의 근본 원인인 형제 관계의 불균형과 소유물에 대한 갈등은 여전히 남아 있었다. 레고치유코칭만으로는 관계의 불균형이나 갈등의 원인을 근본적으로 해결하기 어렵다. 이를 극복하기 위해서는 소유물에 대한 규칙 정하기,

역할 분담과 소통 기술 훈련 등이 병행되어야 한다.

3. 환경적 제약과 맞춤형 접근의 필요성

레고치유코칭은 감정 표현과 시각화에 탁월한 효과가 있지만, 모든 아이들에게 동일한 방식으로 적용하기 어렵다. 특히, 연령, 성격, 상처의 깊이에 따라 맞춤형 접근이 필요하다. 다민(가명, 초3)이는 레고 블록을 만지는 것을 무서워했다. 그는 블록을 집어 들며 "이게 무서워요. 그냥 놀고 싶지 않아요."라고 말했다. 그에게는 레고 블록 자체가 낯설고 불안감을 주는 대상이었다.

코치는 다민이에게 "원하는 색깔의 블록만 골라봐."라고 제안하며 블록에 대한 두려움을 완화시켰다. 그리고 다민이가 좋아하는 색깔의 블록으로 작은 집을 만들며 "이건 네가 안전하다고 느끼는 집이야."라고 설명했다.

다민이는 집을 완성하며 "여긴 안전해요. 아무도 못 들어와요."라고 말했다. 레고 블록에 대한 두려움을 극복하면서 다민이는 자신의 심리적 안전지대를 만들기 시작했다. 레고치유코칭은 아이들의 연령, 성격, 상처의 깊이에 따라 맞춤형으로 접근해야 효과적이다. 특히, 블록의 색깔과 크기, 조립 방식 등을 아이의 심리 상태에 따라 유연하게 조절해야 한다.

❺ 앞으로의 방향: 레고치유코칭의 확장 가능성

레고치유코칭은 감정 표현, 자존감 회복, 사회적 관계 회복 등 다양한 심리적 치유 효과를 보여주었다. 그러나 현재의 프로그램만으로는 모든 보호아동과 학교폭력 피해자들의 다양한 필요와 상황을 충분히 반영하기에는 한계가 있다.

 앞으로 레고치유코칭이 더 넓은 영역으로 확장되기 위해서는 맞춤형 프로그램 설계, 전문 상담과의 연계, 사회적 관계 회복 강화 등이 필요하다.

 이 장에서는 레고치유코칭의 확장 가능성과 미래 지향적인 방향성을 모색한다.

1. 보호아동을 위한 맞춤형 프로그램 설계

 보호아동들은 상처의 깊이와 감정 표현 방식이 각기 다르기 때문에 개별화된 맞춤형 프로그램이 필요하다. 특히, 연령, 성별, 성격, 트라우마의 종류에 따라 맞춤형 접근이 이루어져야 효과적이다. 성남시 레고치유코칭에서는 연령별 차이에 따른 접근 방식을 실험했다. 초등 저학년 아이들은 감정 표현보다는 놀이와 상상력을 중심으로 접근했다.

 예를 들어, 민지(가명, 초2)는 레고 블록을 활용해 "여기는 내가 좋아하는 동물 친구들이 사는 정원이에요."라고 말했다. 그녀는 블록을 이용해 상상의 나래를 펼치며 놀이를 통해 자신만의 세계를 표현했다.

 반면, 초등 고학년 아이들은 감정 표현과 문제 해결에 중점을 두었다. 도현(가명, 초5)이는 자신의 방을 모델링하며 "여기는 내가 화났을 때 들어가는 곳이에요."라고 말했다.

 그는 자신의 감정을 시각화하고, 그 감정을 다루는 방법을 모델링하면서 감정 조절 능력을 키워갔다.

또한, 성별에 따른 접근 방식도 필요하다. 여자아이들은 주로 공감과 관계 형성에 중점을 두며 상황극이나 역할 놀이를 통해 감정을 표현했다. 반면, 남자아이들은 문제 해결과 도전 과제를 통해 감정을 표현하며 협력과 경쟁을 통해 관계를 맺었다.

이를 바탕으로, 앞으로의 레고치유코칭은 연령, 성별, 트라우마 유형에 따라 맞춤형 프로그램을 설계해야 한다. 특히, 놀이 중심의 프로그램, 문제 해결형 모델링, 감정 표현 중심의 활동 등을 상황에 맞게 조합하여 더욱 개별화된 프로그램을 만들어야 한다.

2. 학대 트라우마 전문 코칭의 도입 가능성

보호아동 중에는 부모나 보호자로부터 학대를 경험한 아이들이 다수 포함되어 있다. 이들은 깊은 트라우마를 가지고 있으며, 자존감이 낮고, 불안과 두려움을 겪는 경우가 많다. 레고치유코칭은 감정 표현과 시각화를 통해 트라우마를 직면하고 해체하도록 돕지만, 트라우마 전문 상담이나 심리 치료와의 연계가 필요하다. 성남시 레고치유코칭에서 만난 준서(가명, 초6)는 부모의 학대를 경험하며 부정적 자아 인식과 불안 장애를 겪고 있었다.

그는 "나는 쓸모없는 아이야."라고 말하며 자신을 부정적으로 표현했다. 레고 모델링에서도 자신을 검은 벽 안에 가두며, 외부와 단절된 상태로 표현했다. 코치는 준서에게 "이 벽을 허물면 어떤 기분이 들까?"라고 물었지만, 준서는 겁에 질린 표정으로 고개를 저었다.

학대 트라우마는 자신을 방어하기 위해 감정을 억누르거나 부정적인 자아 인식을 강화시키며, 자아 존중감을 극도로 낮추는 특징이 있다. 준서는 이후에도 자신을 비난하거나 부정적인 모델링을 반복하면서 불안감을 표출했다.

 이를 극복하기 위해서는 트라우마 전문 상담과의 연계가 필요하다. 특히, EMDR(안구 운동 민감 소실 및 재처리), 인지 행동 치료, 예술 치료 등 트라우마 전문 치료 기법과 레고치유코칭을 연계하여 복합적인 접근이 필요하다. 또한, 트라우마를 다룰 수 있는 전문 코치의 양성과 교육 프로그램 개발도 필요하다.

3. 사회적 관계 회복을 위한 그룹 활동 강화
 보호아동들은 가족의 부재와 학대 경험 등으로 인해 사회적 관계 형성에 어려움을 겪는다. 이들은 타인에 대한 불신과 두려움으로 인해 관계 형성에 소극적이며, 대인관계에서 회피적 행동을 보인다. 레고치유코칭은 공동 모델링과 협력 과제를 통해 사회적 관계 회복을 돕는다.

 윤호(가명, 초4)는 "친구들이랑 놀면 피곤해요."라며 관계 맺기를 회피했다. 그는 자신만의 공간을 만들고, 외부와 단절된 상태를 편안해 했다. 그러나 협력 모델링에서 윤호는 친구들과 다리를 연결하며 "같이 만들면 더 멋져요."라고 말했다.

 그는 레고 모델을 통해 연결의 기쁨을 경험했고, 관계 형성의 두려움을 극복하기 시작했다. 앞으로의 레고치유코칭은 공동 모델링, 협력 과제, 역할 놀이 등 그룹 활동을 강화해야 한다. 특히, 소통 기술 훈련, 감정 공유, 협력 경험을 통해 아이들이 사회적 기술을 익히고 긍정적인 관계를 형성하도록 도와야 한다.

 또한, 협력 모델링 후 피드백과 성찰 시간을 통해 자신과 타인의 감정을 이해하고, 서로 공감하며 연결되는 경험을 강화해야 한다.

이러한 과정을 통해 아이들은 사회적 관계에서 자신감을 회복하고, 긍정적인 상호작용을 배우며 심리적 안정을 경험하게 된다. 레고치유코칭은 감정 표현에서 시작해 사회적 관계 회복으로 이어지는 치유와 성장의 여정을 완성했다.

  앞으로도 맞춤형 프로그램 설계, 트라우마 전문 상담과의 연계, 사회적 관계 회복을 위한 그룹 활동 강화를 통해 더 많은 아이들이 자신을 표현하고, 치유하며, 성장할 수 있는 기회를 제공할 수 있을 것이다. 레고 블록 위에 아이들의 꿈과 희망이 쌓여가기를 기대하며, 이 장을 마친다.

레고로 쌓아올린 변화와 희망

 레고 블록은 단순한 놀이 도구를 넘어서, 마음의 상처를 치유하는 귀중한 재료로 활용될 수 있습니다. 보호아동이나 학교폭력 피해자 등 어려운 환경에서 자란 이들이 레고 블록을 활용하여 내면의 감정을 안전하게 표출하고, 자신의 이야기를 재구성하는 과정은 작은 변화들이 모여 큰 희망을 창조하는 길이 됩니다.

 레고치유코칭 프로그램에서는 참가자들이 자신의 삶의 도전들을 블록으로 형상화함으로써 잊혀진 강점과 자원을 재발견하고, 과거의 상처를 치유하며 미래에 대한 긍정적인 비전을 수립하는 사례들이 확인되었습니다. 이 경험은 개인이 내면을 돌아보고 자신을 재발견하는 중요한 계기가 되며, 각자의 독특한 이야기를 존중하고, 치유의 과정을 거칠 수 있는 기회를 제공하는 과정입니다. 또한, 레고를 활용한 집단 활동은 서로 다른 상처와 경험을 가진 사람들이 모여 협력과 소통의 장을 여는 역할을 합니다. 각자의 이야기를 공유하고 공감하는 과정 속에서 작은 변화들이 모여 사회 전반에 긍정적인 영향을 미치는 희망의 씨앗을 싹트게 합니다.

그리고 그것은 집단적 치유와 혁신이 사회 구성원 모두를 함께 성장시킬 수 있는 기반을 마련하는 중요한 역할을 합니다. 나아가, 레고 블록은 단지 감정을 표현하는 도구일 뿐만 아니라 창의적인 문제 해결과 미래 지향적 사고를 촉진하는 역할도 합니다. 손끝에서 시작된 조립의 움직임은 집중력을 높이고 몰입 상태에 이르게 하며, 불안과 스트레스를 완화시키고 문제를 인식하고 해결하려는 개인의 용기를 불어넣습니다.

　이러한 심리적 지원 체계는 개인의 치유뿐만 아니라 집단 내에서 새로운 아이디어와 전략을 도출하는 중요한 역할을 하며, 각기 다른 조각들이 모여 하나의 완성된 작품을 만든 것처럼, 우리 모두의 작은 변화와 노력이 모여 더 따뜻하고 건강한 미래로 나아가는 기반을 마련하는 과정입니다. 레고 블록이 사람들의 내면을 재구성하고, 개인의 성장을 돕는 상징적 매개체임은 분명합니다. 이를 통해 각 개인은 자기 자신에 대한 깊은 통찰을 얻고, 삶의 질을 향상시키며 사회적 유대를 강화하는 데 중요한 역할을 합니다.

　이 도구는 단순한 놀이를 넘어서, 과거의 상처를 극복하고 새로운 시작을 향한 용기와 가능성을 확인하는 기회를 제공하며, 사회 전반에 긍정적인 변화를 불러일으키는 원동력이 될 것입니다. 레고치유코칭 프로그램에서 창출된 이 긍정적 에너지는 참여자들이 내면의 목소리에 귀 기울이고, 서로 다른 경험을 공유하며 치유와 혁신을 이루어내는 중요한 자산이 되기를 바랍니다. 우리 모두가 각자의 소중한 조각을 모아, 서로에게 빛과 희망을 전하며, 따뜻하고 풍요로운 미래를 열어가는 길을 함께 걸어가기를 기대합니다.